ALIMENTACIÓN SOSTENIBLE

Comprar, cocinar y comer
para preservar el planeta

Tom Hunt

Fotografías de
Jenny Zarins

cincotintas

Tom Hunt es un galardonado eco-chef, además de escritor y activista
medioambiental. Poco, su restaurante en Bristol, ha ganado múltiples
premios, como el de «Mejor restaurante ético» de los Observer Food
Monthly Awards. Ha colaborado con diversos periódicos y revistas y escribe
una columna semanal para la revista *Feast* de *The Guardian*, donde comparte
ingeniosas recetas de aprovechamiento. Es un experimentado orador y
cocinero en eventos como Taste of London, Borough Market, Feastival
o el Abergavenny Food Festival. Es activista y embajador de Acción Contra
el Hambre, Soil Association, Slow Food International y The Fairtrade
Foundation. *The Natural Cook* (2014) fue su primer libro (disponible solo
en inglés).

tomsfeast.com
@cheftomhunt

A los pequeños agricultores:
los hombres, mujeres y jóvenes que cultivan
al menos el 70 por ciento de la comida mundial.

CONTENIDOS

PRÓLOGO

Hugh Fearnley-Whittingstall

Necesitamos libros como este y a activistas como Tom Hunt. Su energía, su visión y su compromiso lo hacen destacar en un mundo en el que cuesta no sentirse descorazonado al observar nuestros sistemas de alimentación. La voz de Tom nos da esperanza y nos ofrece soluciones sencillas y creativas. En este libro encontrarás inspiración, orientación y multitud de ideas brillantes: cosas que podemos hacer, ahora mismo, para comer bien en el sentido más amplio de la expresión.

Son tantas cosas las que no funcionan en la manera en que nos alimentamos en la actualidad que no resulta exagerado afirmar que nos enfrentamos a una crisis alimentaria de proporciones globales. La contribución de la agricultura a la degradación del medioambiente y al calentamiento global, el dominio sin precedentes de los ingredientes refinados y ultraprocesados, el derroche colosal de tantísima comida mientras millones de personas pasan hambre… Todos estos problemas están alcanzando niveles casi catastróficos.

Los gobiernos y la industria deben aceptar gran parte de la responsabilidad sobre lo que sucede. Sin embargo, nosotros también podemos hacer mucho a escala local e individual para volver a inclinar la balanza hacia la cordura y la sostenibilidad. Las decisiones que tomamos cada vez que compramos, cocinamos y comemos pueden ayudar a modelar un mundo mejor, además de tener un efecto ascendente y demostrar a las personas que ostentan el poder que hay cosas por las que no estamos dispuestos a pasar. Creo que este libro trata de esto, de las pequeñas revoluciones que podemos empezar en nuestras propias cocinas.

Conozco a Tom desde hace quince años. Cuando era un joven cocinero, trabajó conmigo en el River Cottage, donde su talento y su pasión se hicieron evidentes desde el principio. Me quedó muy claro que iba a ser un pionero y que se convertiría en alguien que no se conformaría con aceptar el statu quo. Recibí con gran alegría, aunque con ninguna sorpresa, la apertura del galardonado Poco en Bristol y el posterior lanzamiento del fantástico proyecto Forgotten Feast.

Desde entonces, Tom se ha labrado una reputación de chef brillante e innovador y activista incansable. Se toma su trabajo muy en serio, como comprobarás al ver el gran esmero con el que ha redactado su manifiesto «De la raíz al fruto». Sin embargo, jamás pierde de vista que la comida debe ser fuente de alegría y de sabor y eso es precisamente lo que transmiten sus recetas. Pienso preparar su guacamole de habas, el colinabo que se hace pasar por jamón y sus *brownies* de posos de café. Son platos originales e ingeniosos, pero sencillísimos de hacer; justo lo que necesitamos entre tanta locura.

Hace relativamente poco tiempo, las prioridades que se describen en estas páginas y que están orientadas a salvar el planeta (ingredientes estacionales y con buena trazabilidad, ausencia de residuos, alimentación basada en plantas y alimentos silvestres y de proximidad) se consideraban excéntricas y casi extremas. Gracias al trabajo de Tom y de otras personas como él, cada vez son más convencionales. Es un avance maravilloso y la buena noticia es que no resultará difícil mantener vivo ese impulso. Por supuesto, también hay momentos en los que hay que gritar y agitar banderas para visibilizar estas cuestiones; sin embargo, tal y como demuestra Tom, podemos hacer afirmaciones contundentes acerca de cómo queremos que sea el mundo solo con la comida que decidimos servir en la mesa.

CELEBRAR LA ABUNDANCIA

En 2011 preparé un banquete para doscientas personas usando alimentos que, de otro modo, habrían acabado en la basura. Recibimos un aluvión de donaciones en forma de maravillosas frutas y verduras orgánicas de todo tipo: manzanas de Kent rescatadas de un huerto; coliflores de formas extravagantes cosechadas en campos cercanos; incluso aguacates en el punto de maduración perfecto, interceptados de camino a un contenedor en el New Covent Garden Market. Me quedé estupefacto al ver que alimentos de tan buena calidad iban de camino a la basura.

Sin embargo, el evento no fue una condena del derroche o del desperdicio, sino una celebración de la abundancia. Celebramos la maravillosa comida que cultivan los agricultores de nuestra tierra, en todas sus formas y tamaños… comida fea y, por supuesto, bonita. Lo llamamos Forgotten Feast («El festín de los olvidados»).

Organizar ese evento me enseñó que, si cambiamos nuestra forma de comer a título individual, podemos ayudar al medioambiente a prosperar. Me ayudó a entender el verdadero valor de la comida; su conexión con la naturaleza y el impacto que ejerce sobre el sabor, la nutrición, las personas y el medioambiente.

Durante los últimos años, tanto individuos como organizaciones han puesto sobre la mesa la magnitud del derroche de alimentos en todo el mundo. Esto ha llevado a constituir un movimiento internacional compuesto por personas que abordan este problema a todos los niveles, desde eventos locales como el que organicé yo hasta la ONU, que colabora con organizaciones sin ánimo de lucro que han sido determinantes para impulsar un cambio sistémico. La magnitud del problema está empezando a motivar a personas, empresas y multinacionales de todo el mundo a mejorar nuestro sistema de alimentación. Ha vuelto tangible lo intangible y ha puesto sobre la mesa grandes ineficiencias y hechos escandalosos sobre cómo producimos los alimentos y los efectos que ello tiene en el medioambiente, al tiempo que ofrece soluciones posibles y una esperanza real.

COMER DE LA RAÍZ AL FRUTO

Cada vez era más consciente de cuánta comida se desperdicia a nivel mundial y de la relación de los alimentos con el cambio climático, y este conocimiento me inspiró a adoptar una nueva manera de entender la vida, basada en el verdadero valor de la comida: una forma de comer que da prioridad al medioambiente y que no sacrifica ni un ápice de placer, sabor o nutrición. Lo llamo «comer de la raíz al fruto».

Comer de la raíz al fruto es una forma de alimentación holística que une los puntos que conectan a las personas, la comida y la naturaleza y que nos proporciona las habilidades y el conocimiento para comprar, comer y cocinar de un modo sostenible al tiempo que consumimos alimentos más sanos y más sabrosos sin necesidad de pagar más por ellos.

Comer de la raíz al fruto convierte la alimentación sostenible en una filosofía fácil de seguir basada en tres principios nucleares:

* Comer por placer
* Comer alimentos integrales
* Alimentarse de la mejor comida posible

Comer por placer significa cocinar con amor, seguridad y creatividad para promover la biodiversidad y conocer al agricultor. Con frecuencia, el placer gastronómico se descalifica como hedonismo o, aún peor, gula, cuando lo cierto es que esa es la única manera sostenible de comer. Cuando ingerimos comida que nos encanta, absorbemos más nutrientes. También nos conectamos con su valor verdadero y aprendemos detalles acerca del sabor, la cultura, el origen y mucho más. Cocinar con seguridad, creatividad y diversión permite que nuestro genio culinario brille, por poca experiencia que tengamos. Además, también reduce el coste de la comida y aumenta su aprovechamiento, lo que da lugar a un círculo virtuoso: placer, conocimiento, nutrición, placer, conocimiento, nutrición.

Cuando hablamos de biodiversidad, lo hacemos de la variedad de toda la vida en la Tierra, entre ella las miles de especies de plantas comestibles que están esperando a que las consumamos. Cada una de esas especies está conectada con su entorno, o su «terruño», algo especialmente evidente cuando hablamos de viñas. Al igual que sucede con las uvas, la tierra y la biodiversidad afectan al sabor de todos los alimentos y los caracterizan geográficamente. Una patata Jersey Royal cultivada junto al mar en una pendiente orientada al sur y fertilizada por algas tendrá un sabor totalmente distinto al de una patata de Yorkshire cultivada en un suelo margoso sobre yeso en un clima fresco. Si haces mi experimento de cata de biodiversidad de la página 190, aprenderás a diferenciar estas sutilezas.

Comer alimentos integrales significa no generar desperdicio, seguir una alimentación basada en plantas y alimentarse de productos locales y de temporada. Comer plantas sin procesar, locales y de temporada nos permite devolver fibra, nutrientes y, me atrevería a decir, sabor a nuestras dietas. Consumir la verdura entera (la raíz, el fruto, el tallo y la hoja) y compostar lo que no podemos comer significa que no producimos desperdicio alguno. Comer de la raíz al fruto da un paso más en la filosofía de la alimentación integral y reconoce que la alimentación forma parte de un ecosistema holístico que incluye a las personas, la agricultura y el medioambiente.

El tabulé de cerezas y trigo sarraceno de la página 166 es un buen ejemplo de esta manera de pensar: los cerezos florecen y dan fruto año tras año, a diferencia de los tomates, lo que significa que la tierra que tienen debajo queda protegida y puede absorber dióxido de carbono. El trigo sarraceno es un grano integral muy nutritivo que mejora no solo la salud de quien lo consume, sino también la del suelo y la del ecosistema local, porque atrae abejas y otros insectos beneficiosos. Además, la receta incluye rabanitos, cebollino y perejil entero.

Alimentarse de la mejor comida posible significa dar apoyo a una agricultura mejor, comprar productos de comercio justo y actuar como si nuestras acciones marcaran una diferencia. Todos tenemos presupuestos distintos y disponemos de más o menos tiempo para cocinar. Por lo tanto, nuestras limitaciones determinan cómo comemos. Sin embargo, también deberíamos recordar que la alimentación es una inversión en la salud de nuestras familias y en el futuro. Los mejores productos exigen una preparación más sencilla, por lo que son eficientes tanto en tiempo como en dinero. El pan y los *farls* de soda, de la página 230, son un ejemplo de ello y están hechos con granos de espelta y algas. Se preparan en cuestión de minutos, incluso si molemos nuestra propia harina, y cuestan menos que la barra de pan más barata.

Las recetas de la raíz al fruto son, por naturaleza, de bajo impacto y se preparan con productos frescos de temporada y con una variedad de alimentos internacionales éticos, además de hacerse en armonía con la ecología local. Cocinar con frutas y verduras de temporada implica centrarse en los mejores productos disponibles en cada momento del año: verdura de hoja verde o tubérculos como la remolacha en invierno, las ácidas fresas en verano o manzanas en otoño. ¿Quién no querría comer eso? Incluso cuando estamos en plena «brecha hambrienta» (ese periodo frío entre invierno y primavera, cuando los productos locales son más escasos), disponemos de una variedad inspiradora de verduras recién cosechadas cerca de nosotros, además de las naranjas y los limones de temporada en climas mediterráneos.

REBOBINEMOS 25 AÑOS...

Cuando tenía diez años, mi familia se trasladó desde Winchester a un pequeño pueblo de Dorset.

El traslado supuso un nuevo comienzo para mi joven vida. Con nuestra nueva casa heredamos dos cabras, Boots y Cassy, y me encomendaron la tarea de ordeñarlas cada mañana antes de ir a clase, lloviera o hiciera sol. Aunque no siempre era agradable, las gachas con leche de cabra recién ordeñada siempre hacían que mereciera la pena. Mi madre también me asignó un trozo del huerto para que pudiera cultivar mis propias hortalizas, que irían de la semilla a la mesa.

Estoy convencido de que he hecho de la cocina mi profesión porque desde muy pequeño participé en el cultivo y la preparación de las comidas familiares. Criar animales me ayudó a entender el valor intrínseco de la comida y cultivar mis propias verduras me inculcó el principio básico (si bien con frecuencia olvidado) de que la comida debería ser de temporada y proceder del suelo.

Mi primera aproximación al trabajo de un chef fue a los diecisiete años, cuando trabajé en la Bottle Inn de Marshwood, donde Hugh Fearnley-Whittingstall acostumbraba a participar en el célebre concurso de comer ortigas que ha aparecido en la serie de televisión *River Cottage* de la Channel 4 británica. Los platos eran sencillos, locales y de temporada.

Después de varios años trabajando en restaurantes y viajando por el mundo, regresé a Dorset para trabajar con Hugh Fearnley-Whittingstall en el cuartel general de la escuela gastronómica River Cottage. Allí aprendí a dar importancia a la calidad y al origen de los ingredientes por encima de cualquier otra cosa. Hugh nos reñía cada vez que en la cocina aparecía una verdura fuera de temporada y, cuando se trataba de carne, teníamos que poder recitar la raza exacta, la granja y la edad del animal de donde procedía. Aprendí mucho sobre los cortes de carne y adquirí la paciencia para cocinar con productos de temporada. Esa formación «del morro a la cola» en River Cottage cambió para siempre mi manera de cocinar; la filosofía del morro a la cola, revitalizada primero por el chef Fergus Henderson, alude a comerse todo el animal: el morro, la cola y absolutamente todo lo que hay entre lo uno y la otra, con el mayor respeto y ningún desperdicio.

Sin embargo, creo que las dietas basadas en frutas y verduras son el futuro de un sistema de alimentación sostenible. Ofrecen una diversidad culinaria infinita, apoyan a la naturaleza y forman la base de una dieta rica en nutrientes, según todo el mundo, desde Aristóteles hasta el sistema de atención sanitario británico. Por todo ello, todas las recetas que encontrarás en este libro se basan en plantas.

SLOW FOOD

Además de reducir los desperdicios, una de las cosas más importantes que podemos hacer para amortiguar nuestro impacto sobre el planeta es disminuir el consumo de carne procedente de explotaciones intensivas. El Instituto de Recursos Mundiales y la Organización de las Naciones Unidas para la Alimentación y la Agricultura estiman que, globalmente, la producción de carne es responsable de entre el 14 y el 18 por ciento de las emisiones de gases de efecto invernadero antropogénicas.

La comida es mi vida desde hace veinte años. He criado cabras, vivido en granjas, sido omnívoro, vegetariano y omnívoro de nuevo, viajado por el mundo en busca de recetas y alimentado a un número incontable de personas. Y, sin embargo, sigo sin poder pensar en otra cosa que no sea en este tema glorioso.

Durante mis viajes descubrí Slow Food, la mayor ONG del mundo y un movimiento que defiende un sistema de alimentación sostenible. Su objetivo principal es luchar por la seguridad y la «soberanía» alimentarias. En otras palabras, por el derecho a criar, cultivar y almacenar alimentos desde el seno de una cultura, de modo que los países puedan ser autosuficientes en lo que a los alimentos se refiere. Su mensaje es tan sencillo como profundo: la comida ha de ser buena, limpia, justa y para todos.

La comida nos conecta con la naturaleza. Si pienso en mi vida asociada a la comida, todos los recuerdos más vibrantes han estado llenos de experiencias y de conexión, desde el momento en que coseché y cociné una verdura hasta la primera vez que cociné al aire libre en una playa. La comida es primaria, sensual y placentera. Nos arraiga a la tierra y a la naturaleza, sustenta nuestra existencia y crea comunidades, desde una mesa de dos hasta una red local y global de productores.

ESTE LIBRO

Nuestro sistema de alimentación ejerce, desde la semilla hasta el plato, el mayor impacto sobre nuestro planeta: afecta a la salud del suelo, a la biodiversidad y a ecosistemas enteros. Es el principal emisor individual de gases de efecto invernadero y destruye ecologías. Sin embargo, también es todo lo contrario a esto. La buena comida y la buena agricultura regeneran el suelo, promueven la biodiversidad, absorben emisiones de dióxido de carbono y refuerzan los ecosistemas. La comida es naturaleza, del mismo modo que lo somos nosotros. En otras palabras, lo que comemos pude contribuir a un mundo mejor.

Estamos en un momento crucial en el que nuestras acciones son clave y han de cambiar. Si somos conscientes de ello y disponemos de algún conocimiento sobre cómo comer mejor, deberíamos ser capaces de invertir el calentamiento global. Aunque la crisis climática requiere transformaciones sistémicas a gran escala, podemos desencadenar un cambio desde la cocina y mediante los alimentos que comemos. Este libro es una guía que te ayudará a conseguirlo tanto si estás en casa cocinando para ti solo como si eres un chef que sirve mil mesas al día.

He ideado las recetas de este libro para que sean asequibles, sencillas de hacer en casa y con productos fáciles de encontrar. También he usado algunos ingredientes menos conocidos, de distintas partes del mundo o silvestres para promover la biodiversidad, aunque siempre ofrezco alguna alternativa.

El apartado sobre «Alimentos que nutren el cuerpo y el medioambiente», en las páginas 18 a 21, enumera estos ingredientes y explica cómo y por qué promueven una dieta sostenible. El apartado «Despensa», al final del libro, sugiere recetas y proyectos más complejos para cuando dispongas de tiempo: te permite aprender a cocinar desde cero y mejorar así el aporte nutricional al tiempo que reduces el uso de envases y sus costes.

Aunque lo puedes abordar como un libro de recetas, más que preparar estas lo verdaderamente importante es que tengas la seguridad en ti mismo y la inspiración de cocinar sin recetas, inventarte tus propios platos, usar los restos de comida y cortar y pegar las que aparecen en este libro para aprovechar al máximo los productos que tengas a tu alcance. Al principio de cada capítulo encontrarás recetas que te animarán a hacer precisamente eso. En ellas se dan instrucciones más generales sobre cómo diseñar un plato o escribir una receta propia, además de recetas de «rescate» para aprovechar restos de otros platos y otras más básicas que desarrollar usando los mejores ingredientes que tengas a tu alcance.

Para ayudarte a entender las aplicaciones prácticas de la buena agricultura y los estudios académicos y científicos que me han ayudado a confeccionar mi manifiesto «De la raíz al fruto», he visitado a productores y granjas que cuentan la historia de una agricultura regeneradora y que demuestran la existencia de sistemas de alimentación sostenible en una red internacional de pequeños agricultores, productos y protagonistas que se dedican a alimentar al mundo.

Al igual que el Forgotten Feast, este libro es una celebración de la abundancia: una celebración del sabor, de la nutrición y de la Tierra; una guía para la cocina asequible y ética, el civismo y el bienestar, que nos reconecta con la buena alimentación y con la naturaleza.

Espero que te inspire y te dé la capacidad de pasar a la acción, además de proporcionarte las herramientas necesarias para llevar la calidad de tu comida a otro nivel. También espero que contribuya a movilizar no solo a personas que ya defienden la comida real, sino que aliente a una nueva oleada de ellas y contribuya a promover un cambio positivo influyendo sobre el sistema y comiendo de la mejor manera posible.

Alimentación sostenible

La Organización de las Naciones Unidas para la Alimentación y la Agricultura define las dietas sostenibles como aquellas que:

Generan un impacto ambiental bajo

Contribuyen a que las generaciones actuales y futuras lleven una vida saludable

Protegen y respetan la biodiversidad y los ecosistemas

Son culturalmente aceptables

Son accesibles, económicamente justas y asequibles, y nutricionalmente adecuadas

Optimizan los recursos naturales y humanos

La filosofía de la raíz al fruto se basa en los Objetivos de Desarrollo Sostenible de las Naciones Unidas y en la abundante investigación académica sobre la alimentación sostenible, la crisis climática y la ecología que durante las últimas décadas han publicado académicos y amigos, como el profesor de Política Alimentaria Tim Lang y Pamela Mason, doctora en Nutrición y máster en Políticas Alimentarias, quien, además, ha llevado a cabo la investigación para este libro.

Manifiesto «De la raíz al fruto»

Comer de la raíz al fruto significa: comer por placer, comer alimentos integrales procedentes de agricultura integral al tiempo que nos alimentamos de la mejor comida posible y disfrutamos de productos de temporada sabrosos, nutritivos e intrínsecamente reparadores tanto para nosotros mismos como para el planeta.

1 Comer por placer

1.1 Cocinar con amor, con seguridad en uno mismo y con creatividad

1.2 Promover la biodiversidad

1.3 Conocer al agricultor

1 COMER POR PLACER

Es julio en Trill Farm, Dorset, y en la mesa que tengo enfrente veo como mínimo ocho tipos de hojas distintas, como achicoria, hojas de mostaza, verdolaga y otras especies que no había visto antes. El sabor de las hojas es tan diverso como su aspecto: estás hincándole el diente a una achicoria de sabor amargo y, a continuación, los aromas florales del perifollo inundan tus papilas gustativas. Cada bocado es una verdadera delicia y me lleva a pensar en todo el esfuerzo que ha sido necesario para cultivar semejante vergel desde la semillas hasta el plato y a reflexionar que, gracias a ese esfuerzo, sabe muchísimo mejor.

Saborear estos ingredientes increíbles me recuerda la verdura más deliciosa que haya probado jamás y que yo mismo coseché en el pequeño trozo de huerto que mi madre me cedió cuando solo tenía doce años. Eficientemente (¿o quizá de forma excéntrica?) decidí dedicar todo el huerto a cultivar guisantes. Las plantas prosperaron y produjeron los guisantes más dulces que puedas imaginar. Eran tan perfectos que cocinarlos era inconcebible: estaban mucho mejor crudos, recién desgranados. Supongo que esos guisantes sabían tan bien porque el terreno era excelente y rico, pero también porque los había cultivado desde el principio. Había arrancado las malas hierbas, labrado el suelo, plantado las semillas y cosechado los frutos.

Almorzar en Trill, con su variedad de verduras, de hojas y de productos de temporada, me permite participar un poco en el ritmo de la granja y es un momento ideal para detenerme a reflexionar sobre cómo ha llegado a mi plato esa comida maravillosa.

Me encanta el acto social de cocinar y de servir comida. La contemplación, la creatividad y el conocimiento son imprescindibles en la elaboración de una receta que alimenta (y que emociona a los comensales a todos los niveles) desde el placer sensorial hasta el debate cultural. Cada plato que consumimos nos ofrece una oportunidad única para apoyar a las personas y al planeta con la comida que compramos y que, con un poco de atención, acaba siendo deliciosa.

Comer por placer va más allá del sabor, tiene que ver con el conocimiento. Demostrar un interés por la nutrición y por la comida del mundo es una manera deliciosa de mantener una buena salud personal y planetaria al tiempo que se descubren maneras sabrosísimas de alimentarse.

1.1 COCINAR CON AMOR, CON SEGURIDAD EN UNO MISMO Y CON CREATIVIDAD

Los alimentos que más placer nos producen son vibrantes y explosivos. Nos hacen gemir y encogernos de alegría, activan recuerdos olfativos y nos transportan por el tiempo y el espacio a experiencias y sensaciones pasadas. Son ingredientes frescos que saben como se supone que han de saber, que están llenos de vida y que rebosan del amor que ha sido necesario para producirlos.

Para empezar, cocina con las estaciones, pero inspírate también en nuestra sociedad multicultural. El compromiso con la cocina de temporada no lo impide, muy al contrario. Es una manera emocionante de crear nuevos aromas y recetas.

La cocina moderna refleja nuestro entorno multicultural y nunca había sido tan potente, unida y diversa. Los increíbles sabores, técnicas y conocimientos que se comparten gracias a la comida tienen un efecto galvanizador y son prácticamente infinitos. Celebrar esas culturas y esas cocinas es una manera de promover no solo la diversidad cultural, sino también la biodiversidad vegetal, debido a la inmensa variedad de ingredientes que usan las distintas cocinas.

Algunos carecemos de la seguridad para desviarnos de las recetas e inventar las nuestras propias. Sin embargo, el secreto de la comida casera reside en los ingredientes de buena calidad y en la sencillez. Y nada más. Todos podemos hacerlo. La seguridad en nosotros mismos, la creatividad y la voluntad de experimentar (usando lo que tengamos en casa o lo mejor que encontremos en el mercado) es una habilidad vital que te permitirá ahorrar mucho y te ayudará a comer bien sin tener que pasarte una eternidad en la cocina.

1.2 PROMOVER LA BIODIVERSIDAD

La «biodiversidad» se define como la variedad de la vida (desde los organismos unicelulares hasta los mamíferos, pasando por las plantas) en un lugar o sistema concreto, tanto si se trata de un continente como del arroyo al final de tu jardín.

Una de las principales maneras en que podemos prevenir la catástrofe climática es protegiendo la biodiversidad, porque el mundo depende de ella. El mundo natural es una red compleja de vida conectada de un número infinito de maneras. Hay muchas formas en que podemos, y debemos, proteger esos sistemas de apoyo vital, desde la conservación hasta la regeneración del suelo. Sin embargo, también podemos hacerlo comiendo una mayor diversidad de ingredientes cultivados en granjas pequeñas y procedentes de la compleja ecología de las plantas.

Cuando la primavera se convierte en verano, mi jardín (una biodiversidad de bacterias, insectos, plantas y animales) florece. Las plantas surgen del suelo margoso (humus y micelios producto de la descomposición del invierno), las abejas y otros insectos transportan polen de los jardines-ecosistemas vecinos al mío y viceversa, los pájaros se comen a los insectos y protegen así a las plantas y yo me como las plantas.

Me encanta descubrir ingredientes nuevos y aprender a usarlos. Tanto si se trata de una especie tradicional de tomate o de una especia importada de su país de origen, la curiosidad por los ingredientes promueve activamente la biodiversidad del planeta.

Izquierda: Ellen Rignell guarda las semillas de los tomates de Trill Farm. Guardar las semillas es un importante acto político que protege la biodiversidad y los derechos de los agricultores. Si quieres saber más sobre el tema, visita gaiafoundation.org.

Pérdida de biodiversidad de las semillas

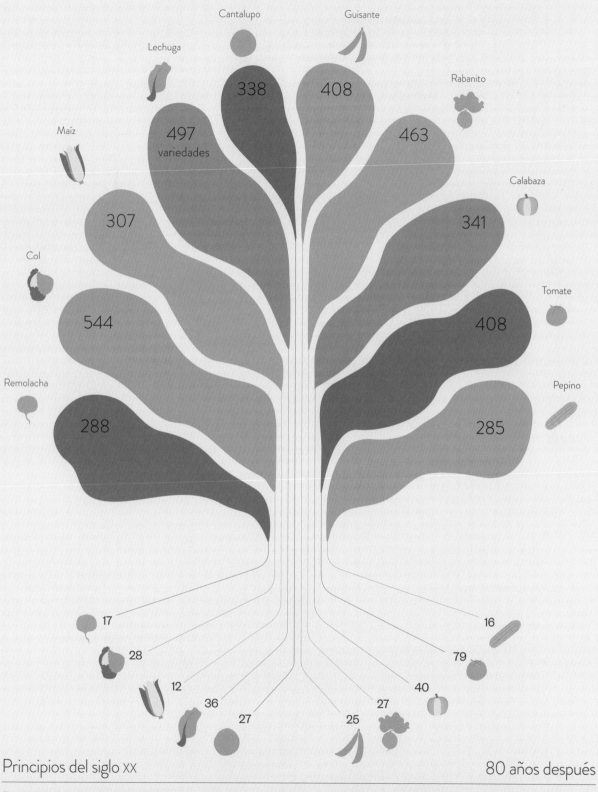

Cantalupo

Guisante

Lechuga

338

408

Rabanito

497
variedades

463

Maíz

Calabaza

307

341

Col

Tomate

544

408

Remolacha

Pepino

288

285

17

16

28

79

12

40

36

27

27

25

Principios del siglo XX

80 años después

En 1903, las distribuidoras de semillas comerciales ofrecían cientos de variedades, como refleja esta muestra de diez cultivos.

En 1983 solo se encuentran un puñado de esas variedades en el National Seed Storage Laboratory (Estados Unidos).

Fuente: Rural Advancement Foundation International y NG Image Collection.

ALIMENTOS QUE NUTREN EL CUERPO Y EL MEDIOAMBIENTE

Hay más de treinta mil especies de plantas comestibles en el mundo, entre ellas todo tipo de frutas y verduras exóticas, granos antiguos y alimentos olvidados que se mantienen vivos gracias a pequeños agricultores y a bancos de semillas (aunque muchas especies se han extinguido ya, como puedes ver en el diagrama de la página 17). De la raíz al fruto recurre a esta diversidad y la celebra.

Piensa en esta lista de la compra como en un punto de partida para enriquecer tu dieta con alimentos de bajo impacto y que regeneran el medioambiente, además de ser sabrosos, ricos en nutrientes, asequibles y fáciles de cocinar. He confeccionado la lista usando la definición de «dieta sostenible» de la Organización de las Naciones Unidas para la Alimentación y la Agricultura (pág. 9), Knorr y la «Lista de los 50 alimentos del futuro» del World Wide Fund for Nature (WWF). También he usado el informe sobre alimentos en el Antropoceno de la Comisión EAT-*Lancet*, que concluye que una dieta saludable para el planeta se «basa fundamentalmente en plantas, pero puede incluir cantidades moderadas de pescado, carne y lácteos». El informe aconseja que comamos entre 0 y 20 g de ternera, cordero o cerdo diarios, entre 0 y 100 g de pescado y entre 0 y 58 g de pollo. Seguir una dieta rica en plantas es congruente con las cinco «zonas azules» saludables del mundo, donde viven la mayoría de centenarios: la isla de Cerdeña (Italia), Okinawa (Japón), Ikaria (Grecia), Loma Linda (California) y la península de Nicoya (Costa Rica).

Si eres omnívoro y te gustaría añadir carne a alguna de las recetas del libro, hazlo. Son sencillas precisamente para dar margen a la creatividad y a la experimentación individuales. De hecho, te reto a que cambies algunos ingredientes por otros que se adapten mejor a tu paladar, tu ubicación y tu dieta.

La EAT preparó este gráfico, que se incluye en el resumen adaptado del informe sobre alimentos en el Antropoceno de la Comisión EAT-*Lancet* sobre dietas saludables a partir de sistemas alimentarios sostenibles. Puedes consultar el informe completo en eatforum.org/eat-lancet-commission.

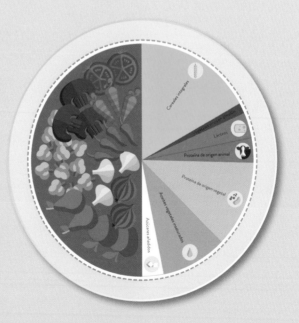

Aceites y vinagres

El aceite de oliva virgen extra es una buena opción, tanto para el cuerpo como para el planeta. Transforma los platos más básicos y suplementa las dietas con grasas monoinsaturadas y ácidos grasos omega-9, que ayudan a reducir el colesterol cuando se usan en lugar de grasas saturadas y grasas trans (tal y como demuestran múltiples estudios sobre la dieta mediterránea). El aceite de colza es una buena alternativa al aceite de oliva, aunque como se usan demasiados pesticidas en su cultivo, te aconsejo encarecidamente que compres aceite de colza con certificación de cultivo orgánico, que es más caro, pero merece la pena. El aceite de linaza y el de cáñamo son buenas fuentes de ácidos grasos omega-3, y son exquisitos como aliños de ensaladas frías y otros platos. El vinagre de manzana crudo es una buena opción para el medioambiente y es la panacea para muchos, porque se ha demostrado que tiene muchos beneficios para la salud y añade equilibrio y acidez a las recetas. En la página 223 encontrarás instrucciones para elaborar vinagre de manzana crudo.

Aceite de cáñamo virgen extra

Aceite de coco (orgánico)

Aceite de colza virgen extra (orgánico)

Aceite de oliva virgen extra

Vinagre de manzana crudo con las madres

* Al igual que todos los aceites, si el aceite de oliva se calienta demasiado produce radicales libres (átomos sueltos que son perjudiciales para el cuerpo). Evítelos controlando la temperatura del aceite e impidiendo que llegue a echar humo. El aceite de oliva virgen extra empieza a humear cuando alcanza entre 160 y 207 °C, pero si es de buena calidad, no echará humo por debajo de los 190 °C. Para freír en freidora o para asar por encima de 180 °C, usa aceite de coco o de colza orgánicos, que tienen un punto de humeo más elevado.

Frutos secos y semillas

Estos pequeños núcleos son muy ricos en proteínas y en vitaminas y están repletos de grasas vitales para la salud del cerebro y del cuerpo. Son muy sabrosos, se cree que ayudan a bajar el colesterol y resultan fantásticos para añadir textura a la comida. Las semillas de lino y de colza rebosan de ácidos grasos omega-3 y omega-6. Yo las uso en mis recetas de masa quebrada para obtener una deliciosa textura crujiente (pág. 231). En la medida de lo posible, intenta comprar semillas procedentes de productores locales o nacionales. El cáñamo no necesita fertilizantes sintéticos ni pesticidas, tiene un sabor muy característico que añade profundidad a las ensaladas y de él se obtiene una leche vegetal deliciosa (pág. 224). También encontrarás nueces y avellanas de cultivo nacional mientras que los coquitos de Brasil solo crecen en áreas protegidas de la selva. Estos últimos son una buena fuente de selenio, que es deficitario en la mayoría de dietas.

Almendras (de comercio justo, orgánicas)

Avellanas

Cacao (de proyectos de conservación)

Coquitos de Brasil

Nueces (UE)

Pipas de girasol

Semillas de cáñamo

Semillas de lino

Sésamo (tahini)

Edulcorantes

Se pueden usar muchas plantas distintas para edulcorar la comida y cada una de ellas aporta su sabor característico. Las melazas son un producto derivado del procesado del azúcar y contienen todos los nutrientes que se han eliminado del mismo, además de mucho hierro. Los dátiles, los albaricoques deshidratados (orejones) sin dióxido de azufre y otras frutas deshidratadas son perfectos para edulcorar ligeramente las recetas y contienen todo tipo de micronutrientes. Los azúcares no refinados, como el jaggery, la panela, la raspadura y el azúcar turbinado, se producen a partir de jugo de caña muy poco procesado y cada uno de ellos tiene su propio sabor característico. Sin embargo, como sucede con todos los productos que contienen un nivel elevado de glucosa, sacarosa o fructosa, hay que disfrutarlos de vez en cuando.

Azúcar sin refinar (jaggery, panela, raspadura, azúcar turbinado)

Dátiles

Jarabe de arce

Melazas

Orejones (orgánicos)

Cereales y granos

Apoya a los agricultores y mejora la salud de la tierra alimentándote de la raíz al fruto y ampliando la variedad de los productos cultivados por ellos que consumes. Sustituir alimentos básicos como el trigo o el maíz por mijo o espelta aumenta los nutrientes en la dieta, al tiempo que mejora la diversidad agrícola y refuerza el sistema de alimentación global. La mayoría de los cereales se refinan y blanquean para que sean lo más duraderos y uniformes posible. Sin embargo, este proceso desnaturaliza los ingredientes y convierte en virtual desecho las partes más nutritivas de las plantas: el salvado y el germen. Los cereales integrales son asequibles (incluso cuando son orgánicos) y son la base de una cesta de la compra saludable y equilibrada. En este mismo sentido, el pan blanco apenas aporta nutrientes mientras que el de masa madre integral (pág. 229) proporciona mucha más nutrición y sabor, lo que compensa con creces su precio más elevado. Por no hablar de los deliciosos platos que puedes elaborar con él cuando se pone duro, desde salsa pesto hasta sopa.

Amaranto

Arroz silvestre

Cebada

Centeno

Escanda

Espelta

Farro

Kamut

Maíz (variedades tradicionales)

Mijo

Quínoa

Teff

Trigo sarraceno

Legumbres

Las legumbres son saciantes, baratas y regeneran el suelo porque fijan el nitrógeno y mejoran la fertilidad de la tierra. Necesitan menos agua y fertilizantes que otras proteínas, contribuyen a la sensación de saciedad y ayudan a perder peso, además de reducir el colesterol malo. Pon en remojo legumbres variadas el fin de semana y luego hiérvelas. Son una alternativa deliciosa a la carne y te durarán toda la semana. También puedes congelarlas en tandas y usarlas más adelante. O reserva algunas de las que has puesto en remojo y hazlas germinar con las instrucciones que encontrarás en la página 154.

Brotes de soja verde

Garbanzos

Guisantes (guisantes secos, en vaina, etc.)

Judías (habas, judías verdes, soja orgánica o con el certificado Demeter, etc.)

Lentejas (verdes, rojas, amarillas...)

Frutas, verduras y flores

Consumir una amplia variedad de fruta y verdura (incluida la de hoja verde) no solo es esencial para nuestra salud, sino que nos ayuda a aumentar la demanda de una variedad más amplia de especies y, por lo tanto, refuerza la resiliencia del sistema alimentario. La variedad de especies es infinita y nos permite experimentar en la cocina con plantas tan sabrosas como el apio o el salsifí. Consumir productos de temporada y de proximidad adquiridos en mercados o en cooperativas que componen cajas de verduras variadas te ayudará a conseguirlo en casa, sobre todo cuando empieces a explorar variedades tradicionales como los tomates amarillos o las zanahorias moradas.

Las flores comestibles son mucho más que un ingrediente decorativo. Albergan sabores y aromas sutiles con los que se puede transformar un plato normal y corriente en algo exquisito. Además, proporcionan alimento a las abejas silvestres y a otros polinizadores.

Acelgas

Berros

Borraja

Brócoli

Calabazas y calabacines

Capuchinas

Col

Colinabo

Espinacas

Geranio

Kale (morada, cavolo nero, etc.)

Lavanda

Nabo

Pensamientos

Pimientos

Rabanitos (variedades tradicionales)

Remolacha con las hojas

Salsifí

Setas (enoki, shiitake, etc.)

Tomates (variedades tradicionales)

Zanahorias (variedades tradicionales)

Frutas, verduras y hierbas perennes

Los cultivos perennes se pueden cosechar un año tras otro, por lo que no exigen arar el suelo con tanta frecuencia como los de carácter anual. Esto le da la vuelta a un proceso agrícola que suele liberar carbono a la atmósfera y, por el contrario, lo atrapa en el suelo, donde queda ligado, lo que ayuda a mejorar la calidad del mismo.

Acedera

Albaricoques (orgánicos, y también los orejones)

Alcachofas

Bayas (arándanos, frambuesas, etc.)

Ciruelas

Espárragos

Frutas de árbol (manzana, cereza, pera, etc.)

Menta

Nanjeas (también árbol del pan)

Nísperos

Orégano

Peras

Romero

Ruibarbo

Salvia

Tomillo

Tupinambos

Plantas silvestres

Las plantas silvestres son ingredientes aún desaprovechados, a pesar de que son especialmente nutritivos y sabrosos. Las setas silvestres están tanto en las cocinas de más alto nivel como en las más humildes, a las que aportan sus profundas notas terrosas y sus propiedades curativas. En este libro he usado plantas fáciles de identificar y que crecen en la naturaleza que nos rodea, tanto en nuestras ciudades como, en ocasiones, en nuestros jardines.*
Las algas, por ejemplo, son maravillosas (y muy útiles por su contenido en yodo) y crecen en masa en nuestras costas; sin embargo, apenas se consumen fuera del este de Asia. Muchas plantas a las que consideramos especies invasoras o malas hierbas son, en realidad, hipernutritivas e incluso medicinales. El diente de león, las flores de borraja y las ortigas son algunas de las que uso en mis recetas.

*Comprueba siempre la regulación local antes de arrancar ninguna planta y evita las áreas donde se usen pesticidas.

Ajo de oso

Amor de hortelano

Arándanos

Castañas

Dientes de león

Enebro

Escaramujo

Fallopia japonica

Flores y bayas de saúco

Lágrimas de la virgen (ajete)

Llantén menor

Manzanas silvestres

Moras

Onagra

Ortigas

Oxalis

Pamplinas

Rosas

Setas (boletus, colmenillas, etc.)

Tréboles (con las flores)

Vegetales marinos (dulse, lechuga de mar, etc.)

Violetas

Tallos, hojas y otros trocitos nutritivos

Muchas veces desechamos ingredientes muy sabrosos y que deberíamos comer, como la piel de las verduras, el agua del remojo de los cereales y otros subproductos. La manera mejor y más fiable de usarlos es no retirarlos, para empezar, e incorporarlos directamente en los platos.

Acuérdate de usar los ingredientes al máximo y de mimar los restos, por pequeños que sean. Una ración de verduras puede ser un tentempié nutritivo, si es que no la añades a un plato como ingrediente ya cocinado (lo que te ahorrará tiempo). Guarda hasta la última miga de lo que te sobre durante el proceso de cocinado: media cebolla, un trozo de diente de ajo, una hoja de espinaca… los podrás añadir a prácticamente cualquier plato incluso si no están en la receta. Ahí es donde empezarás a ahorrar dinero. No lo harás siendo extraordinariamente frugal, sino valorando hasta el último bocado y creando platos deliciosos y creativos.

Aquafaba (el agua de cocción de las legumbres)

Hojas de apio

Hojas de puerro y de cebolleta

Hojas de tubérculos (remolacha, zanahoria, apio, hinojo, colirrábano, rabanito, rábano, etc.)

Hojas y tallos de coliflor

Hojas y tallos de higo

La piel de los cítricos (sin cera)

La piel de las verduras

La pulpa del zumo

Los tallos de las hierbas

Pan duro

Pipas, piel, hojas y flor de calabaza

Tallo, hojas y flores del calabacín

Tallos y hojas de brócoli

Todos los restos, tanto cocinados como crudos

1.3 CONOCER AL AGRICULTOR

Si hablamos del Reino Unido, cuatro grandes cadenas de supermercados controlan más del 80 por ciento de las ventas minoristas de alimentos.

Ashley arrancó del suelo lo que me dijo que era un rábano forrajero y me explicó que los cultivos de cobertura anuales (que perecen al final de cada estación) eliminan la necesidad tanto de arar como de fertilizar. Cada uno de ellos añade nutrientes específicos al suelo, que, además, se airea gracias a sus profundas raíces. Kate y Ashley cultivan una hectárea de terreno en Trill Farm (al este de Devon), que está justo delante de mi anterior trabajo, el River Cottage. Decir que se trata de una granja idílica es decir poco: hilera tras hilera de voluptuosas verduras componen filas multicolores y cada una de ellas forma parte de un sistema de rotación de ocho años que ayuda a regenerar el suelo (pág. 103).

Estos métodos de cultivo innovadores y, sin embargo, tradicionales, como el de Kate y Ashley, no requieren labranza y permiten a los agricultores sembrar cultivos anuales, que necesitan ser replantados cada año, de un modo similar a los cultivos perennes, así no hace falta remover la tierra. Este método de cultivo mejora la estructura y la biodiversidad del suelo y reduce la pérdida de agua y de tierra.

Ayudar a los agricultores nos ofrece una oportunidad deliciosa de hacer lo mismo con la Tierra. La mayoría de ellos se preocupan de verdad por la tierra; es su trabajo. Cultivar nuestra propia comida (aunque sean un par de macetas de hierbas aromáticas), visitar granjas, cooperativas y mercados agrícolas siempre que podamos y hablar con las personas que han hecho nuestra comida nos ayuda a volver a conectar con la tierra y expande nuestro conocimiento sobre la naturaleza y la buena comida.

Habla con el frutero o el verdulero de tu barrio, averigua dónde cultivan los agricultores los ingredientes que comes y opta por las granjas más diversas y con la variedad más amplia de frutas y verduras. Con frecuencia, las granjas sostenibles y regenerativas cuentan con una certificación orgánica o biodinámica (pág. 238), aunque no siempre es así, por lo que busca productos de verdulerías, fruterías, mercados agrícolas o tiendas en línea que ofrezcan información sobre cómo se han producido los ingredientes que venden.

Aunque soy cocinero profesional, me preocupaba preguntar a los vendedores cómo se había cultivado la comida que vendían, por miedo a no saber lo suficiente del tema como para poder dar una respuesta inteligente. Sin embargo, al final acabé aprendiendo de ellos y descubrí su gran preocupación por la tierra (y aprendí a evitar a los pocos que no tienen ninguna).

Cómo elegir productos sostenibles

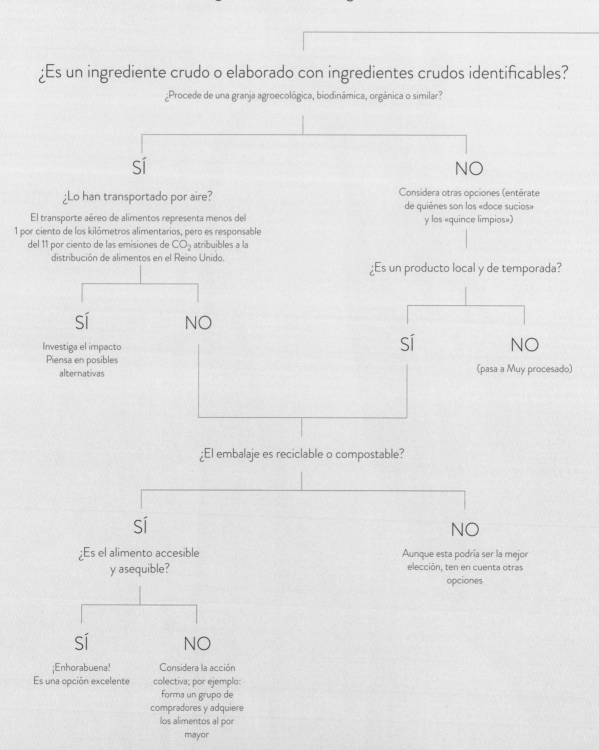

EMPIEZA
POR AQUÍ
Elige un alimento o ingrediente

¿Es un ingrediente crudo o elaborado con ingredientes crudos identificables?

¿Procede de una granja agroecológica, biodinámica, orgánica o similar?

SÍ

¿Lo han transportado por aire?

El transporte aéreo de alimentos representa menos del
1 por ciento de los kilómetros alimentarios, pero es responsable
del 11 por ciento de las emisiones de CO_2 atribuibles a la
distribución de alimentos en el Reino Unido.

SÍ

Investiga el impacto
Piensa en posibles
alternativas

NO

NO

Considera otras opciones (entérate
de quiénes son los «doce sucios»
y los «quince limpios»)

¿Es un producto local y de temporada?

SÍ

NO

(pasa a Muy procesado)

¿El embalaje es reciclable o compostable?

SÍ

¿Es el alimento accesible
y asequible?

SÍ

¡Enhorabuena!
Es una opción excelente

NO

Considera la acción
colectiva; por ejemplo:
forma un grupo de
compradores y adquiere
los alimentos al por
mayor

NO

Aunque esta podría ser la mejor
elección, ten en cuenta otras
opciones

¿De dónde viene?

¿Está muy procesado (contiene aditivos artificiales)?

¿Tiene este alimento un impacto positivo o negativo evidente sobre la sociedad o el medioambiente?

POSITIVO

¿El productor apoya algún programa social o medioambiental? ¿Proporciona alimentos seguros y nutritivos (bajos en azúcar, sal y grasas) a un precio asequible?

NO ESTOY SEGURO

Investiga un poco más
Considera alguna alternativa

NEGATIVO

¿Puedo influir sobre el productor o sobre el gobierno para que promuevan una reforma de la alimentación mediante un correo electrónico o una petición?

Considera alguna alternativa

SÍ

(pasa a ¿Lo han transportado por aire?)

NO

Considera alguna alternativa

Agroecología

Enfoque ecológico de la agricultura que trabaja en armonía con la naturaleza para mejorar la fertilidad del suelo y desarrollar sistemas de agricultura sostenibles.

Basa tu alimentación en plantas

Si compras productos de granjas agroecológicas y reduces el consumo de carne y de productos lácteos, tu impacto sobre el medioambiente será menor.

Alimentos de alto impacto

Su impacto cambia drásticamente en función de su origen. Estudia bien las opciones de las que dispones y compra con cautela.

Carne, aves, pescado, lácteos, huevos, aceite de palma, soja, almendras, aguacates, agua embotellada, café.

Alimentos bajos en emisiones de carbono

Los alimentos poco procesados y basados en plantas, como la verdura, la fruta, las legumbres, los cereales y los frutos secos (excepto algunas variedades, que verás en las págs. 18-21).

Los quince limpios

Lo más probable es que estos productos contengan menos pesticidas (ewg.org). Si necesitas ahorrar dinero, algunos de ellos son buenas opciones, pero actúa con precaución cuando se trate de productos frescos importados.

Aguacates, maíz, piñas, guisantes congelados, cebollas, papayas, berenjenas, espárragos, kiwis, col, coliflor, melón cantalupo, brócoli, setas, melón verde.

Los doce sucios

Son las frutas y verduras que suelen contener más pesticidas. Cómpralas orgánicas o sin pesticidas, si puedes.

Fresas, espinacas, kale, nectarinas, manzanas, uvas, melocotones, cerezas, peras, tomates, apio, patatas.

2 COMER ALIMENTOS INTEGRALES

Los alimentos integrales son frutas, verduras y cereales integrales crudos o cocinados que están lo menos procesados posible e, idealmente, sin pesticidas ni aditivos químicos de la semilla a la mesa. Los azúcares no están refinados, como el jaggery, y conservan la intensidad de sabor y el color pardo de la melaza; los cereales están también sin refinar y conservan el salvado y el germen, que les dan más textura y sabor; y la fruta y la verdura se comen enteros, con las nutritivas pieles orgánicas.

La filosofía de la raíz al fruto toma la concepción de los alimentos integrales, da un paso más y aplica esta misma manera de pensar a toda la granja, ya que reconoce que nuestra comida forma parte de un todo más grande y maravilloso (la Tierra), que abarca la geología, la sociología y la ecología. Si piensas de la raíz al fruto, observas la tabla de cortar y el cubo de compostaje y meditas sobre cómo podrías incluir los restos que te han quedado en la receta para hacerla aún más deliciosa. También piensas globalmente, vas más allá de tu propia cocina y tienes en cuenta el impacto futuro y pasado de lo que comes. Te preguntas, por ejemplo: ¿cómo puedo apoyar una agricultura mejor?

Si vamos a comer de la «granja integral», tenemos que alimentarnos de lo que el agricultor necesita cultivar. Algunos ingredientes son adecuados para el paisaje, el clima y la estación locales, y otros no. Por ejemplo, no tiene sentido alguno plantar cocoteros en Croacia. No podemos cultivar lo mismo año tras año en un solo terreno si no reintroducimos los nutrientes que han consumido las plantas. Esto significa que los agricultores o bien han de usar fertilizantes o bien necesitan rotar los cultivos con otras especies que proporcionen los nutrientes agotados. Por ejemplo, la espelta y el trigo se suelen cultivar en rotación con el centeno y el trébol para recuperar el nitrógeno perdido. El consumo de centeno ayuda a los agricultores que practican la rotación de cultivos. En la mayoría de recetas uso harina de espelta y de farro en lugar de trigo, porque tienen propiedades similares pero benefician mucho más a la tierra.

Izquierda: El almacén de cereales de Tamarisk Farm, repleto de trigo tradicional.

2.1 APROVECHARLO TODO

Los desechos orgánicos generan 3300 millones de toneladas de gases de efecto invernadero. Utilizan hasta «1400 millones de hectáreas de tierra (un 28 por ciento de los terrenos agrícolas del mundo)». Y un estudio reciente demuestra que reducir el desperdicio orgánico es la tercera forma más efectiva de abordar el cambio climático.

TRISTRAM STUART, fundador de la organización benéfica Feedback

Cada año me desplazo a los grandes festivales de música británicos con mi Café Poco para dar de comer a los miles de asistentes. Cuando alimentas a tanta gente, te das cuenta de dónde se acumulan los desechos. En Poco compramos la mitad de hierbas y limones de los que solíamos, porque descubrimos que podíamos añadir la ralladura de limón y los tallos de las hierbas al hummus y a los falafeles. Hemos reducido la cantidad de chile que usamos en la *harissa*, porque ahora arrancamos la parte superior en lugar de cortarla. Y también compramos mucho menos pan sin levadura, porque somos más cuidadosos con los pedidos y aprovechamos el que queda seco del día anterior para hacer tostadas que servimos con nuestro *shakshuka*.

Cuesta de digerir, pero según el programa de gestión de residuos WRAP del gobierno del Reino Unido, el hogar británico promedio desperdicia aproximadamente un 30 por ciento de la comida que compra, ya se trate del par de verduras que se pasan en el frigorífico o de un puñado de hierbas aromáticas marchitas. Por mucho que nos esforcemos, todos desperdiciamos un poco de comida de vez en cuando. Comer de la raíz al fruto nos ofrece soluciones para ahorrar comida y asegurarnos de que hasta el último bocado acabe en el estómago de nuestra familia.

El desperdicio de alimentos está en la cima de las preocupaciones globales por un muy buen motivo: todos podemos marcar una diferencia. Si reducimos los desperdicios y compostamos lo que no podemos comer, ahorramos gran cantidad de la mano de obra, de los recursos y de la energía invertidos en la producción de esa comida, así como de los gases de efecto invernadero que se habrían producido si tirásemos los desperdicios a la basura. Esta es una de las múltiples maneras en que pequeñas acciones individuales pueden llegar a todo el mundo y afectar a las personas y al medioambiente. El cambio positivo que se está produciendo ahora surge a partir de una transformación colectiva hacia una comida mejor y la reducción de residuos. Aún más, la solución al desperdicio de alimentos es muy sencilla: celebremos la buena comida. Si nos preocupamos de lo que compramos y consumimos en tiendas, granjas, restaurantes y otro tipo de negocios preocupados por el medioambiente, apoyamos un sistema que valora de verdad la comida y los recursos.

Fecha de caducidad y de consumo preferente

Las fechas de caducidad, de consumo preferente y de límite de venta generan confusión y, con frecuencia, son innecesarias. La fecha de caducidad tiene que ver con la seguridad del alimento y es importante recordarla, porque algunos alimentos no se pueden comer después de ella a no ser que los hayamos congelado antes. La fecha de consumo preferente tiene que ver con la calidad y sirve para garantizar que consumamos la comida en perfectas condiciones. Sin embargo, la fecha límite de venta también tiene que ver con la calidad, es aún más corta que la de consumo preferente y da lugar a muchísimo desperdicio en las tiendas. Los fabricantes acuerdan las fechas límite de venta y de consumo preferente para mantener sus estándares de calidad, pero no se trata de consejos de seguridad. Y con la tendencia creciente de usar alimentos sin envasar, cada vez se emplean menos. La Food Standards Authority (FSA) británica ha recomendado que se eliminen las fechas límite de venta y que las fechas de consumo preferente se amplíen y se usen solo en productos que podrían acabar resultando perjudiciales para la salud.

Por lo tanto, de momento te toca usar el sentido común y decidir cuándo un producto se ha pasado o no. Yerra por precaución, sobre todo con los alimentos de alto riesgo, pero usa el sentido común y confía en tu intuición. Comprueba visualmente el estado de la comida y revisa si sigue oliendo a fresco. A no ser que huela mal o tenga moho de colores (el blanco se puede comer y es absolutamente seguro), lo más probable es que esté bien. Intenta fijarte en si tienes mucha comida y haz lo posible para consumirla o aprovecharla antes de que se eche a perder. Congélala o cocínala para que aguante tres o cuatro días más en el frigorífico. Normalmente, al final de la semana hago un caldo, un batido de verduras y un asado con los que aprovecho todos los residuos.

Desperdicia menos alimentos

Cómete la verdura entera: raíces, tallos y pieles están deliciosos y son muy nutritivos.

Consume alimentos integrales: los granos y las harinas integrales, los azúcares sin refinar y los cereales mínimamente procesados conservan las partes más nutritivas y sabrosas del ingrediente.

Haz conservas: prepara conservas, mermeladas y encurtidos con la comida que te sobre.

Consume alimentos de proximidad y de temporada: cuanto más corta sea la cadena alimenticia, menos residuos se generan hasta que llega a ti.

Come sin sustancias químicas: los fertilizantes y los pesticidas echan a perder los recursos naturales y el valiosísimo suelo.

Sé creativo: no sigas las recetas al pie de la letra, usa lo que tengas.

Cocínalo: improvisa un guiso o un batido con los ingredientes de varios días que aún te queden al final de la semana.

Usa el congelador: si ves que no vas a consumir algo antes de que se estropee, congélalo.

Ama los restos: los restos ahorran tiempo y te proporcionan un plato gratis.

Composta: si haces esto con los desperdicios, transformas desechos que podrían haber sido perjudiciales en la sustancia que nos alimenta: tierra.*

* Los desperdicios de comida que quedan atrapados en el vertedero, sin aire, producen metano, un gas de efecto invernadero veinte veces más potente que el dióxido de carbono. Muchos ayuntamientos tienen programas de compostaje, pero si tienes un jardín pequeño, te recomiendo que lo hagas tú mismo.

El desperdicio de alimentos en cifras

Anualmente se desperdicia un 40 por ciento de todos los alimentos producidos. Esto equivale a unos 1 300 millones de toneladas anuales.

Eso se traduce en un billón de dólares estadounidenses en comida desperdiciada o perdida.

Casi el 50 por ciento de los alimentos que se desperdician en el Reino Unido proceden de las casas. Tirar así la comida cuesta a un hogar promedio 550 euros anuales, cantidad que asciende a 800 euros cuando hablamos de familias con hijos. Equivale a unos 70 euros mensuales.

Un consumidor europeo o norteamericano desperdicia quince veces más comida que un consumidor africano promedio.

Con solo una cuarta parte de los alimentos que se desperdician podríamos alimentar a los 800 millones de personas desnutridas que pasan hambre en todo el mundo.

* Datos de la Organización de las Naciones Unidas para la Alimentación y la Agricultura (FAO), WRAP, Love Food Hate Waste y Food Tank.

Reduce los envoltorios

Alza una mano imaginaria si estás harto de ver estanterías de supermercado rebosantes de plástico. Yo lo estoy: fruta, verdura, queso, coco… sea lo que sea, lo envuelven. ¿Por qué? Fundamentalmente, porque se trata de un espacio publicitario gratuito, pero también por cuestiones de comodidad y, en ocasiones, de higiene. Nos encanta agarrar el producto y marcharnos, sin más líos. Sin embargo, esto no hace más que alimentar el problema, porque anima a los distribuidores a envolver cosas que no lo necesitan y que, con frecuencia, dan lugar a una bola de basura no reciclable que destruye el planeta. Tomar la decisión consciente de evitar los productos envueltos en plástico puede ser limitante en las tiendas convencionales y requiere planificación y tiempo. Sin embargo, es absolutamente factible y, casi con total seguridad, mejorará tu dieta.

Cada habitante promedio del Reino Unido tira a la basura su propio peso en desperdicios cada 7 semanas. El hogar promedio británico genera más de una tonelada anual de basura. Si lo sumamos, se trata de 31 millones de toneladas anuales: el peso de 3,5 millones de autobuses de dos pisos, una fila que daría la vuelta al mundo dos veces y media.

Bastan algunos pasos sencillos para que todos podamos disminuir el consumo de envases. A continuación encontrarás mis mejores consejos para reducir los envases que acaban en la basura. He dado prioridad a los que pueden ejercer un mayor impacto al tiempo que son los más fáciles de aplicar en la vida cotidiana. Recuerda que los productos reutilizables, como las bolsas de lona, las botellas de agua o las tazas de café tienen su propia huella medioambiental y tenemos que usarlas muchas veces para atenuar su impacto. No te dejes desalentar por eso: si piensas en los materiales y en las empresas que fabrican los productos que compras, verás que algunas usan materiales mejores que otras. La solución definitiva es comprar productos de segunda mano cuando es posible.

Compra menos
Lo mejor que puedes hacer para reducir el consumo de envases y envoltorios es comprar menos.

Lleva tu propio envoltorio
Las bolsas y sacos de lona o de tela conservan los ingredientes tan bien, o incluso mejor, que los envoltorios convencionales. Guarda los tarros de mermelada vacíos y úsalos para conservar ingredientes. Da un paso más cuando hagas la compra de la semana: lleva trapos limpios para envolver el pan, encuentra una huevería que te permita llevar tus propias hueveras y una vaquería donde puedas cambiar y rellenar las botellas.

Compra en el mercado local
Tener cerca un buen mercado de abastos que puedo visitar una vez a la semana ha sido la manera más placentera y que mayor impacto ha ejercido a la hora de reducir los desechos que produzco. La mayoría de paradas venden productos a granel que puedes llevarte en tus propios recipientes. Según mi experiencia, los vendedores están encantados de ayudarte. Si te encuentras con un producto envuelto, piensa en si realmente necesitas ese en concreto o si hay alguna marca alternativa que lo venda suelto. Si la única opción es comprar un producto empaquetado, asegúrate de que el envoltorio sea reciclable.

Compra en tiendas a granel
En ellas puedes comprar frutos secos, cereales, aceites y productos de limpieza y de belleza en la cantidad exacta que necesitas y, con frecuencia, más baratos que sus equivalentes envasados. Normalmente, cerca de un 15 por ciento del coste de un producto es atribuible al envoltorio. Las tiendas a granel nos permiten comprar tanto o tan poco producto como necesitemos y evitan comprar cantidades excesivas, que son más caras y que pueden dar lugar a más residuos. Esto también hace más asequibles los productos orgánicos y de mejor calidad.

Lleva tu botella de agua y tu vaso
Es muy fácil sustituir las botellas de agua y los vasos desechables de café por termos o botellas de cristal que puedes llevar siempre contigo. Esto también te ahorrará bastante dinero, porque dejarás de comprar productos innecesarios. Si compras una botella o envase de un solo uso, siempre puedes emplearlo varias veces más como recipiente reutilizable.

Compra en tiendas físicas, no por internet
Cuando compramos por internet, el producto viene envuelto de forma excesiva y, con frecuencia, no reciclable. Haz una lista con los productos que necesitas a lo largo del tiempo y ve a las tiendas cuando lo necesites con tus propios envases. Si no puedes hacer esto, recurre a tiendas en línea que solo usen envoltorios reciclables y reutilizables.

Dentífricos y productos de limpieza
Las versiones convencionales de estos productos acostumbran a ser perjudiciales para el medioambiente y vienen en envases no reciclables. Busca productos respetuosos con el medioambiente y con envases reciclables o hazlos tú mismo (encontrarás recetas en la página 233).

Reutiliza y repara
Aunque no me esperaba que fuera a suceder esto, estoy empezando a valorar los envoltorios que tengo o que me da otra gente, sean botes de mermelada o bolsas de plástico. Si compras algo con envase, transfórmalo en algo útil: los barriles metálicos de aceite de oliva son macetas perfectas, los retales se transforman en bolsas de tela y las botellas de vidrio se pueden rellenar con aceite y vinagre.

2.2 BASAR LA ALIMENTACIÓN EN LAS PLANTAS

La comida de origen vegetal es vigorizante, deliciosa, ligera, vibrante y de colores llamativos, y está repleta de nutrientes. Basar mi alimentación en plantas me ha permitido explorar toda una serie de ingredientes diversos que ni siquiera sabía que existían (tanto próximos como lejanos), cada uno con su propio sabor, color y textura. Estos hallazgos, consejos y trucos han infundido a mi cocina y a mis recetas una creatividad renovada.

Más allá de los beneficios para el medioambiente, las dietas ricas en plantas te ayudarán a controlar el peso y a reducir el riesgo de sufrir diabetes de tipo 2, enfermedades cardiovasculares y algunos tipos de cáncer.

Los datos presentados en la conferencia de 2018 de la American Association for Nutrition destacaron un estudio de los Países Bajos que analizó la dieta y la salud de casi seis mil personas. El equipo descubrió que las que consumían una proporción elevada de proteína vegetal frente a proteína animal presentaban menos riesgo de desarrollar enfermedades coronarias posteriormente. Y, aún más, un estudio de 2016 publicado en *PLOS Medicine* concluyó que una dieta rica en alimentos vegetales de buena calidad se asociaba a una reducción del 50 por ciento del riesgo de desarrollar diabetes.

Las dietas basadas en plantas ofrecen todas las proteínas, grasas, carbohidratos, vitaminas (excepto la vitamina B_{12}, que se ha de tomar en suplementos) y minerales para una salud óptima, y son más ricas en fibra y en fitonutrientes, como los carotenoides, los flavonoides y los glucosinolatos, que actúan como antioxidantes en el cuerpo y que se cree que son increíblemente beneficiosos para nuestra salud general.

Carne y lácteos

Cuando tenía catorce años, trabajé en una granja de cerdos en un pueblo pequeño llamado Winsham. Cada día ascendía pedaleando por la larga colina que llevaba hasta allí. Era una granja convencional que albergaba a unos mil lechones en jaulas de cemento. Además de llenar los comederos con un pienso imposible de identificar, mi trabajo consistía fundamentalmente en limpiar las jaulas. Entraba en cada una de ellas y la limpiaba de porquería, todo por unos dos euros a la hora. Trabajé allí dos años y lo más irónico es que durante la mayoría de ese tiempo fui vegetariano. Mi día preferido era cuando llegaban cerdos nuevos. El transportista llegaba por la mañana, abría las puertas del camión y cientos de lechones salían a toda prisa y correteaban y saltaban por el recinto durante aproximadamente media hora, mientras los íbamos encerrando. Recuerdo que le comenté al granjero que criarlos en libertad podría ser buena idea, pero farfulló algo acerca del coste y cambió de tema. En aquella época, mi vegetarianismo era una decisión consciente, pero trabajar en la granja no me suponía ningún problema, porque, de algún modo, no veía a los cerdos como comida. Desconecté de la idea de que formaban parte de la cadena alimentaria, del mismo modo que estoy seguro de que hacen tantas personas cuando comen a diario carne procedente de la ganadería intensiva. Aunque no disfruté allí, ahora que miro hacia atrás puedo ver que fue una educación excelente en la cultura del esfuerzo y que me permitió ver la realidad de la ganadería convencional.

Elegir cómo comemos es una decisión muy personal y creo que solo debe depender de uno mismo. Sin embargo, algunos alimentos y sistemas (sobre todo la industria cárnica, láctea e incluso vegetal intensiva) ejercen un impacto mayor sobre el planeta que otros. El conocimiento sobre la salud del planeta debe formar parte del proceso de toma de decisiones, en tanto que personas y organizaciones, si queremos vivir dentro de los límites que impone el planeta.

Aunque este es un libro sobre recetas basadas en plantas, he decidido dar información sobre la compra de carne y de productos lácteos, porque es un tema de importancia fundamental si hablamos de cómo concebir una dieta respetuosa con el clima. Con toda la mala prensa que la carne ha recibido durante los últimos años, hemos aprendido el impacto catastrófico que la producción cárnica convencional ejerce sobre el medioambiente. Por ejemplo, la producción convencional de un kilogramo de carne de ternera requiere 25 kilos de cereales y 15 000 litros de agua, y genera muchísimos más gases de efecto invernadero que los alimentos basados en plantas.

Aún más, como la mayoría de formas de producción de carne hacen un uso tan intensivo de los recursos, el menor desperdicio tiene un impacto proporcionalmente mayor. El 20 por ciento de toda la carne que se produce se pierde o se desperdicia cada año. Esto equivale a 75 millones de vacas. La producción de esa carne desperdiciada da lugar a un mínimo de seis toneladas de dióxido de carbono; eso sin contar las emisiones que genera al ser desechada. El habitante británico promedio consume unos 85 kilos de carne anuales. El 20 por ciento o más que acaba desperdiciado supone a su vez un desperdicio de 263 000 litros de agua y, si se trata de ganadería intensiva, de hectáreas de selva arrasada para cultivar soja y forraje, además del combustible usado para el transporte.

¿Pueden tus hábitos de alimentación cambiar algo de esto? Es muy fácil culpar a las grandes multinacionales y sentirse abrumado por la inacción del gobierno y de la industria agrícola, pero el impacto de nuestras pequeñas decisiones también es muy importante e influyente. Hay pruebas evidentes de que tenemos que comer menos y mejor carne, pero lo que ese dato tan sencillo no nos dice con la claridad suficiente es que tenemos que ofrecer más apoyo a las granjas que usan métodos agroecológicos, donde los animales suelen desempeñar un papel importante. La agroecología es un tipo de agricultura y de ganadería que opera en armonía con la naturaleza, con cultivos adaptados a la región y con técnicas de ganadería no intrusivas que también son adecuadas para el clima y para el lugar donde se desarrolla.

Podemos producir comida sin que el ganado intervenga en absoluto. Tollhurst Organic, en South Oxfordshire, evita el uso de subproductos animales o de estiércol animal, porque trabaja con cultivos que fertilizan la tierra y con compost vegetal que regenera el suelo. Tollhurst es ejemplar y necesitamos a más gente como ellos.

De todos modos, es importante recordar que la carne procedente de la ganadería consciente es más beneficiosa para el sistema alimentario y para la salud de las personas y del planeta que mucha de la comida ultraprocesada y de cultivo intensivo que vemos en las tiendas. Los fertilizantes animales también eliminan la necesidad de usar fertilizantes sintéticos derivados de combustibles fósiles y con una gran huella de carbono, y del sistema que estos promueven.

El uso bueno y correcto de la tierra es especialmente importante cuando se crían animales. La carne más sabrosa, saludable y respetuosa con el medioambiente procede o bien de granjas muy pequeñas e integradas (donde producen tanto plantas como ganado) o de pastos en tierra no arable donde los cultivos no crecen con facilidad y se usan técnicas de pastoreo rotativo que simulan la conducta migratoria natural de los animales.

Conocer a tu granja y a tu ganadero, ya sea en persona en un mercado agrícola, en una cooperativa o en un sitio web, te ayudará a entender sus métodos. Puedes practicar la filosofía de la raíz al fruto en el mundo de la carne: «comer del morro a la cola». Si usas todo el animal ahorrarás dinero y acumularás un presupuesto suficiente para comprar carne de alta calidad y procedente de ganadería de pasto.

En resumen, si comes carne, hazlo con placer y sabiendo que tiene la mejor procedencia posible.

Carne cultivada, productos de alimentación de laboratorio y sustitutos de la carne

¿Te comerías un trozo de carne desarrollado en un laboratorio?

Mi opinión es que la comida ha de crecer en el suelo y ser cultivada por los agricultores, no en los laboratorios por los científicos. Tanto si se trata de técnicas de edición genética, de carne celular o de productos de alimentación ultraprocesados, la comida producida de esta forma se salta la naturaleza y promueve un sistema de alimentación ultraprocesado y poco saludable que beneficia a las multinacionales, no a las personas ni al planeta.

Actualmente, la carne de laboratorio se produce a partir de células animales con las que se crea un tejido semejante al músculo y con una estructura parecida a la de la carne procesada. Muchos la consideran la solución al impacto que ejerce la ganadería, porque el objetivo es fabricarla con cada vez menos elementos animales. Sin embargo, el motor principal de la industria cárnica son los cortes de carne completos, como el chuletón, algo que los científicos aún están muy lejos de poder reproducir.

Abi Aspen, ex científica de carne de laboratorio transformada en granjera y chef, me explicó por qué renunció a la agricultura celular en favor de la ganadería regenerativa. «Dejé de creer en la agricultura celular porque ya disponemos de la tecnología que necesitamos para resolver nuestros problemas: comer más plantas, respetar más a los agricultores, elegir mejores cultivos y no alimentar con ellos a los animales. De todos modos, es posible que tenga su sitio, pero dejé de creer que esa tecnología fuera a resolver nuestros problemas, porque no veía cómo podía devolver nada al planeta, al contrario de lo que sucede con el sistema de agricultura holístico.»

Cómo comer carne, lácteos y pescado

El manifiesto «De la raíz al fruto» también es aplicable a animales, pero como su producción ejerce un impacto mayor (además de todas las cuestiones de bienestar animal asociadas), si quieres consumirlos de un modo que beneficie a tu salud personal y a la del planeta, las limitaciones son más estrictas. Comprueba que las raciones respetan las directrices de EAT-*Lancet* (pág. 18), porque todos tendemos a llenarnos demasiado el plato, y recuerda: lo que marca la mayor diferencia en la huella que deja nuestra alimentación no es solo cuánto comemos, sino cómo se produce.

Carne y lácteos

Evita la carne procedente de la ganadería intensiva: en el Reino Unido, el 95 por ciento de los productos cárnicos proceden de granjas intensivas británicas. Este tipo de ganadería es uno de los principales responsables del cambio climático. Si quieres que la carne de mejor calidad te resulte más asequible, opta por cortes más baratos y por la casquería, como el pecho de cordero, la falda de res o el hígado.

Compra carne y productos lácteos orgánicos y procedentes de ganadería de pasto: si no tiene certificado, comprueba las políticas de bienestar animal, de uso de hormonas y antibióticos y de alimentación. Esta última ha de ser sin cereales ni sustancias químicas, y de producción local.

Explora y elige las especies silvestres, abundantes e invasoras: como carecen de depredadores naturales, algunos animales se han de sacrificar y, con frecuencia, su carne se acaba desperdiciando. Si vamos a comer carne, los animales salvajes como el ciervo, el jabalí, el conejo y las palomas son las opciones más sostenibles.

¡Visita un matadero! Es importante que entiendas y asumas de dónde viene la comida.

Compra lácteos de granjas que no sacrifiquen a los terneros y los corderos: cada vez somos más conscientes de las cuestiones relativas al bienestar animal, por lo que algunas granjas están mejorando sus prácticas y ya no separan a las crías de sus madres para criarlas para carne. Pregúntale a tu proveedor de leche cuál es su política al respecto y opta por las granjas con mejores prácticas.

Pescado

¡Ve de pesca! Es la mejor manera de comer pescado sosteniblemente y aprenderás mucho del proceso para conseguir tu propia comida.

Consulta la página del World Wide Fund for Nature (WWF). En la web guiadepescado.com podrás identificar las especies que se capturan con métodos de pesca sostenibles e informarte acerca de su hábitat, estado de conservación y principales amenazas. *Evita las especies cuya sostenibilidad no esté clara.

Evita el pescado de piscifactoría: a no ser que esté certificado por el MSC o el ASC.

Evita las especies salvajes sobreexplotadas: por ejemplo, el bacalao, la anguila, el abadejo, el rape, las gambas, el salmón, la lubina, la raya o el atún, a no ser que estén certificados por el MSC.

Cuando encargues carne, productos lácteos o pescado en la carnicería, la pescadería un restaurante o un local para llevar, pregunta por su forma de producción y su origen. Si el proveedor no te sabe decir de dónde viene la carne o cómo se ha criado el animal, asume que no es sostenible, así que cambia de proveedor o pide una opción basada en plantas.

2.3 COMER PRODUCTOS LOCALES Y DE TEMPORADA

Los productos de temporada son las frutas y verduras producidas localmente (o dentro de un radio concreto) y sin demasiados agentes externos, como invernaderos caldeados, almacenamiento especial (como la refrigeración por gas) o la hidroponía.

Te corresponde a ti decidir la cercanía del origen de un alimento para que lo puedas considerar local o de proximidad. En nuestro restaurante Poco de Bristol adquirimos la mayoría de los productos frescos en granjas y mercados en un radio de 80 kilómetros, pero también consideramos locales, y por supuesto de temporada, los productos transportados de otras partes del Reino Unido. Puede haber quien afirme que los productos frescos procedentes del continente europeo también son locales y no cabe duda de que, en ocasiones, pueden ser la mejor opción si proceden de una granja agroecológica.

Los productores más pequeños y de temporada tienden a cultivar más variedades de plantas, porque eso promueve una biodiversidad local y, por lo tanto, ayuda a que la vida silvestre florezca más que en una granja convencional. Comer productos de temporada conecta nuestros hábitos de alimentación con el ritmo de la naturaleza, nos inspira a explorar toda la diversidad de ingredientes que nos puede ofrecer una granja y aumenta la cantidad de especies de plantas que consumimos.

Basa tu compra semanal en frutas y verduras de temporada, que tienden a ser más baratas. Si quieres comer tomates en invierno, no pasa nada, pero antes piensa en si hay una alternativa de temporada o en conserva. Por ejemplo, en invierno uso ruibarbo o tomates secos en lugar de tomates frescos.

Si compras productos de proximidad por motivos medioambientales, lo más importante que has de tener en cuenta es que los transporten por tierra y que no procedan de cultivos con un uso intensivo de la energía (como los invernaderos con calefacción e hidroponía) o de fertilizantes y pesticidas. Los productos de proximidad de temporada pueden ser tan o incluso más perjudiciales para el medioambiente que los importados, si se cultivan con demasiada energía o sustancias químicas o de un modo que promueva el derroche.

Comer por estaciones

Este calendario se basa en la temporalidad de las frutas y verduras en España.
Consulta fuentes fiables para conocer los productos de temporada de tu zona.

Primavera

Acelga
Ajete
Ajo de oso
Alcachofa (UE)
Berro
Brócoli morado
Brotes de brócoli y de brócoli morado
Cebolla tierna
Col de primavera
Col de Saboya
Colirrábano
Diente de león
Espárrago
Flor de espino blanco
Flor de saúco
Fresa
Hojas de haya
Naranja sanguina y dulce
Ortiga
Patata nueva
Puerro
Rabanito
Ruibarbo
Salsifí
Setas (cultivadas)
Zanahoria

Verano

Acedera
Ajo
Albaricoques
Arándano
Baya de saúco
Berenjena
Berro
Brócoli
Calabacín
Cebolla tierna
Cebolla y chalota
Cereza
Ciruela claudia
Diente de león
Flores comestibles
Frambuesa
Fresa
Grosella roja/negra/blanca
Hierbas tiernas
Judía verde y habichuela
Maíz
Melocotón
Mora
Mora roja
Nabo
Patata (cultivo principal)
Patata nueva
Pepino
Pimiento
Rabanito
Semillas de amapola
Setas (cultivadas)
Tomate
Uva espina
Zanahoria

Todo el año

Acelga
Ajete
Ajo
Algas
Apio
Apio nabo
Berenjena
Berros
Brócoli
Calabacín

Acelga
Ajete
Alcachofa
Brócoli
Calabaza
Castaña
Cebolla y chalota
Chirivía
Col de Saboya
Col de Bruselas
Col roja
Coliflor
Colirrábano
Diente de león
Endibia
Guisante
Haba
Kale
Manzana y pera
Nabo
Naranja y otros cítricos
Pak Choi
Patata (cultivo principal)
Puerro
Salsifí
Setas (cultivadas o secas)

Cebolla (almacenada)
Cítricos
Col
Col marina
Col roja
Coliflor
Colirrábano
Diente de león
Espinaca
Hierbas resistentes
Kale
Lechuga
Manzana y pera (almacenadas)
Patata (almacenada)
Plátano
Puerro
Rabanito
Remolacha
Setas (cultivadas o secas)
Zanahoria

Acedera
Acelga
Alcachofa
Apio nabo
Avellana
Bayas de saúco
Berenjena
Boniato
Brócoli
Calabacín
Calabaza
Castaña
Cebolla y chalota
Chirivía
Ciruela y ciruela damascena
Col y col de Bruselas
Coliflor
Colirrábano
Endibia
Endrina
Escaramujo
Frambuesa
Granada
Guisante
Higo
Hinojo
Kale
Maíz
Manzana y pera
Membrillo
Mora negra
Nabo y colinabo
Patata (cultivo principal)
Pimiento
Puerro
Rabanito
Rúcula
Setas (silvestres y cultivadas)
Tomate
Uva
Zanahoria

3 ALIMENTARSE DE LA MEJOR COMIDA POSIBLE

Comer es un acto
inevitablemente agrícola y [...]
cómo nos alimentamos determina,
en gran medida, cómo usamos el
mundo.

WENDELL BERRY

La comida barata es más cara de lo que pensamos. Los supermercados promueven la adquisición de grandes cantidades y las compras excesivas acaban disparando el gasto semanal al tiempo que nos dan la impresión de que la comida vale menos y por eso podemos desecharla. Esta pérdida de valor percibido lleva a que, en promedio, desperdiciemos entre un 20 y un 50 por ciento de los alimentos que compramos. Y aquí es donde la cosa se vuelve más interesante… Los alimentos orgánicos y bien cultivados son entre un 20-30 por ciento más caros que sus equivalentes más industriales. Esto significa que si nos paramos a pensar en la comida que realmente nos gusta y compramos menos cantidad (pero de mejor calidad), nos saciará, nos satisfará y nos complacerá sin necesidad de gastarnos ni un céntimo más.

Además, si te comes el vegetal entero (las puntas, los rabos, las pieles y los corazones), ahorrarás entre un 15 por ciento (el porcentaje de piel de una verdura o fruta) y un 70 por ciento (los tallos de muchas hierbas) del valor de un producto.

Si consumes la piel y la raíz de las plantas y los productos enteros en general, es aconsejable que compres productos orgánicos y sin sulfatar, para evitar las trazas de sustancias químicas que quedan en los productos convencionales. Por suerte, el aumento del coste queda compensado casi por completo por el aprovechamiento total del producto.

La comida barata no existe. Los productos de precios bajos de las tiendas no son tan benéficos como puedan parecer. Su verdadero valor queda distorsionado por la inmensa capacidad de compra de las grandes corporaciones de la alimentación, que bajan los precios en origen hasta un nivel insostenible para los productores, lo que conduce al abandono de las personas y del medioambiente.

Un informe del Sustainable Food Trust concluyó que los británicos pagan el doble de lo que creen por la comida. Por cada euro que se gastan en comida en las tiendas, los consumidores incurren en costes ocultos de, como mínimo, otro euro, debido sobre todo a la contaminación, a la pérdida de tierra y de biodiversidad, además de al impacto del sistema de alimentación convencional.

Cuando nos alejamos de las corporaciones que solo se mueven por los beneficios y empezamos a comprar de manera más directa en mercados locales y a personas reales (escribiendo listas de la compra de temporada e integrales y comiendo de la raíz al fruto), el gasto semanal en comida se vuelve más asequible.

Sin prisas

Una vez instaurada una rutina, la compra en tiendas locales no tiene por qué exigirte demasiado tiempo. Sin embargo, comprar en la comunidad local y global es un tiempo bien invertido, así que hazlo en lugares que te gusten de verdad. Un buen tendero tiene muchos conocimientos que compartir, desde la mejor ganga a una sugerencia de receta para la cena.

Si encontrar buenas tiendas es difícil en el lugar donde vives, busca una cooperativa o un programa de cajas de verduras nacional o local. Idealmente, elige una granja/programa con sellos de aprobación oficiales. La mayoría cuentan con opciones de temporada y orgánicas y acostumbran a ofrecer otros productos básicos. Si vas al supermercado, busca los productos de temporada y orgánicos (la mayoría de los productos frescos indican el país de origen en el etiquetado). Si la etiqueta marca que el producto es de tu zona, asume que es de temporada (a excepción de los tomates y de las lechugas, que pueden cultivarse artificialmente con lámparas y que, por lo general, necesitan una cantidad de energía excesiva).

Aunque me encanta cocinar en casa, estoy muy ocupado, así que limito mis compras a una hora semanal que disfruto muchísimo en el mercado local, que ofrece una variedad extraordinaria de comida asequible en un ambiente amistoso. Luego voy a una verdulería independiente o a una tienda de productos saludables si necesito comprar al por mayor algún producto de los que duran meses. Solo voy al supermercado o al hipermercado cuando realmente necesito algo en el último momento.

Un sistema cerrado es un sistema de derroche cero

Antes vivía en una yurta (una tienda de campaña mongola) en Dorset, en una granja de permacultura. Esta última es un proceso de diseño agrícola y social con principios de sistema cerrado. Una de las ideas clave de esta filosofía es no producir residuos. Teníamos un inodoro de compostaje y usábamos su contenido para fertilizar la tierra; la verdad es que realizar las abluciones matutinas con vistas a un valle prístino te da tiempo para contemplar el ciclo de la vida y promueve una sensación de felicidad. La comida cultivada en la granja se convierte en el fertilizante que se usa para cultivarla. Es una genialidad.

A medida que es más evidente el verdadero coste de la producción de alimentos, las empresas y las corporaciones también adoptan sistemas de ciclo cerrado para otorgar a sus compañías una mayor solidez económica y medioambiental. Por ejemplo, una planta propiedad de British Sugar que produce 420 000 toneladas anuales de azúcar ha conseguido transformar la mayoría de los desechos del sistema en productos nuevos de valor. Se limpia la tierra de la remolacha azucarera, que luego se vende como mantillo y agregado. De este modo, lo que hubiera sido un coste de gestión de residuos se convierte en un beneficio. El sirope de azúcar sobrante se transforma en energía renovable. Y el calor y las emisiones de dióxido de carbono de la fábrica se desvían a un invernadero en las mismas instalaciones donde se cultivan tomates asequibles.

La chef y pensadora sobre sistemas de alimentación India Hamilton (que hace poco ha inaugurado en Jersey lo que ella ha llamado una tienda y cooperativa de «compras de precisión», no a granel) explica cómo funcionan los sistemas cerrados:

«Es fundamental entender que en el mundo de un "sistema cerrado" no existen consumidores. Solo hay productores eficientes o ineficientes. Cada elemento de desecho se transforma en una oportunidad para algo nuevo mediante un proceso de innovación de residuos. Hay muchos ejemplos históricos de ello; desde alimentar a los cerdos con sobras de comida hasta el Marmite, una pasta que se elabora con un subproducto de la cerveza. Sin embargo, ahora, los "sistemas cerrados" se están convirtiendo en un modelo para la innovación energética compleja, la reducción de costes y la acción drástica en favor del clima».

La alimentación de la raíz al fruto es un buen ejemplo de sistema cerrado en la cocina: obtenemos la comida directamente, con el mínimo derroche y usamos todo el ingrediente. Cualquier desecho no comestible se composta para fertilizar la tierra y cultivar más plantas.

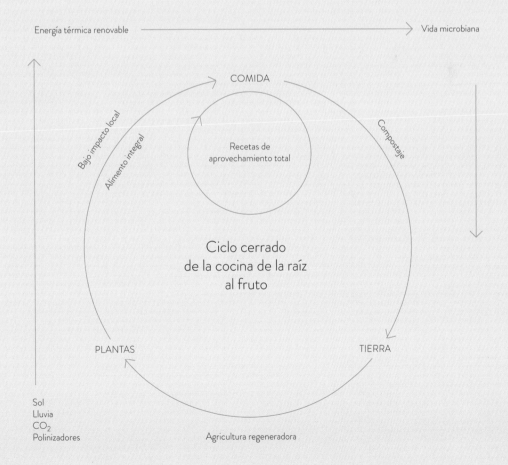

Energía térmica renovable ⟶ Vida microbiana

COMIDA

Bajo impacto local

Alimento integral

Compostaje

Recetas de aprovechamiento total

Ciclo cerrado
de la cocina de la raíz
al fruto

PLANTAS

TIERRA

Sol
Lluvia
CO$_2$
Polinizadores

Agricultura regeneradora

3.1 PROMOVER UNA AGRICULTURA MEJOR

La agricultura regenerativa es una ideología y una práctica agrícola que se basa en muchos años de investigación científica y en aplicaciones agroecológicas como la agricultura orgánica o biodinámica y la permacultura. La agricultura regenerativa funciona en armonía con la naturaleza y valora la vida silvestre y la ecología. Aumenta la biodiversidad, genera y revitaliza la tierra, protege el terreno de la erosión y mejora los ecosistemas. Su objetivo último es la recuperación del clima e invertir la tendencia actual de aceleración de las emisiones de carbono atrapándolo bajo el suelo y sobre él, en la tierra, las plantas y los árboles. Las buenas prácticas producen cultivos competitivos, crean lugares de trabajo (con entornos laborales más seguros para las comunidades agrícolas) y, lo que es muy importante, producen alimentos más saludables y más sabrosos.

Si los gobiernos no resuelven las crisis del clima, del hambre, de la salud y de la democracia, lo hará la gente. La agricultura regenerativa ofrece respuestas a la crisis de la tierra, la crisis de alimentos, la crisis sanitaria, la crisis climática y la crisis de la democracia.

DRA. VANDANA SHIVA

Aprender cosas acerca de la comida y de la sostenibilidad me ha llevado de manera natural a saber más sobre la agricultura visitando granjas, cultivando mi propio huerto y cosechando semillas. El jardín de casa se ha transformado gracias a esto. El césped se ha convertido en un micro-prado inspirado por los principios de la permacultura y atrae a polinizadores y a una gran variedad de invertebrados. Tenemos un huerto «sin labranza», lo que significa que las plantas se encargan de la mayoría del trabajo para que no tengamos que hacerlo nosotros. Esto atrapa el carbono en la tierra, que además se enriquece con bacterias, hongos, lombrices e insectos. Me he aficionado a las plantas perennes como el ruibarbo, la kale, las alcachofas y las bayas, porque necesitan pocos cuidados y crecen un año tras otro, por lo que el trabajo de horticultura es muy sencillo y, básicamente, se deja que la naturaleza siga su curso. Lo cierto es que recuerda bastante a una jungla (lo que en la agricultura regenerativa se llama «agrosilvicultura»), con ciruelos, verduras, plantas comestibles, plantas silvestres y malas hierbas (como los dientes de león y los tréboles, que también nos comemos) que crecen juntos, fértiles y productivos.

Ahora, la sostenibilidad ha pasado a formar parte de la corriente convencional. Ya no es un nicho ni un concepto alternativo que practican un puñado de iluminados; actualmente está muy extendida y se la considera un método necesario para abordar la crisis climática. Ahora que la mayoría de personas dirigen la atención a estas cuestiones, ha llegado el momento de reflexionar y de pensar en cómo podemos ser la primera generación que vaya más allá de la sostenibilidad y empiece a reparar el medioambiente, a regenerar los espacios silvestres y a ejercer un impacto positivo sobre el planeta, atrayendo y atrapando el carbono.

Izquierda: Tamarisk Farm

Todo en nuestra vida procede de la naturaleza, desde la energía que mueve nuestros hogares hasta las plantas que se tejen para fabricar nuestra ropa. Siempre que podamos, deberíamos comprar menos cantidad o de segunda mano, elegir energía verde y materiales de trabajo sostenibles y usar menos combustible o que al menos sea alternativo. Sin embargo, nuestra conexión principal con la naturaleza siempre será a través de la comida y de los agricultores. Esto nos ofrece la oportunidad de ayudar a la naturaleza apoyando a la agricultura regenerativa.

El Rodale Institute escribió en 2014 un artículo sobre cómo la agricultura orgánica regenerativa podría invertir el cambio climático. Allí se decía que «en pocas palabras, podríamos atrapar más del cien por cien de las emisiones anuales de CO_2 si cambiáramos a prácticas de gestión orgánica ya disponibles, nada costosas y a las que llamamos "agricultura orgánica regenerativa"».

Podemos ayudar a los agricultores regenerativos adquiriendo sus productos y comprando directamente a granjas que sigan estos principios. Habla con tu verdulería o con tu cooperativa agrícola para averiguar el método de cultivo de los agricultores y opta por las granjas más diversas con distintos cultivos integrados con el ganado o que solo cultivan plantas con sistemas cerrados. También podemos hacer labores de voluntariado en granjas de la comunidad o en proyectos de cultivo donde recibiremos la valiosa recompensa de pasar tiempo en la naturaleza y, si tenemos suerte, alimentos cultivados con nuestras propias manos. Y podemos hablar con nuestros supermercados, representantes políticos y comunidades locales para que apoyen la agricultura regenerativa.

La agricultura regenerativa ha cobrado nuevo impulso durante las últimas dos décadas. Muchas granjas pequeñas y huertos dependen de su conocimiento para gestionar empresas productivas y con pasión por la Tierra. Y, ahora, con la emergencia climática, las corporaciones agrícolas y las grandes granjas están aprendiendo a convertir sus instalaciones en más sostenibles siguiendo esta misma metodología.

Qué debe interesarnos acerca del cultivo de nuestra comida

Rotación de cultivos

La rotación de plantas con cultivos de cobertura y otros con propiedades regenerativas ayuda a mejorar la biodiversidad y a mantener el suelo sano y nutritivo. La rotación de cultivos sirve para recuperar el nitrógeno de forma natural, previene las plagas y la erosión del terreno y permite que el suelo almacene carbono.

Ausencia (o uso mínimo) de fertilizantes, pesticidas o fungicidas

Las sustancias químicas que se usan en la agricultura provocan problemas de todo tipo, como degradación de la vida silvestre por los pesticidas, mala salud del suelo, emisión de CO_2, contaminación de los acuíferos y pérdida del carbono almacenado en el suelo.

Cultivos de cobertura

Los cultivos de cobertura entre dos cultivos comerciales principales se usan como fertilizante verde, ayudan a capturar carbono de la atmósfera y mejoran la salud del suelo. También reducen la pérdida de nitrógeno y protegen de la erosión por el viento o el agua.

Compostaje

El compostaje es el mejor y más sencillo proceso para descomponer restos de alimentos y materia orgánica y convertirlos en un fertilizante nutritivo que ayuda a regenerar el suelo, previene la erosión y reduce el uso de agua. El compost que se usa como abono en cultivos sustituye a los fertilizantes químicos y disminuye la necesidad de pesticidas.

3.2 COMPRAR ALIMENTOS DE COMERCIO JUSTO

Todos deberíamos poder acceder a una comida de calidad. En tanto que personas y colectivos, podemos contribuir a la igualdad global mediante las decisiones que tomamos a la hora de comprar comida, ropa y energía, y que afectan a personas local y globalmente, tanto en lo económico como en lo medioambiental. Comprar ingredientes con la certificación de comercio justo envía un mensaje claro al sistema de alimentación: te preocupas por las personas que han hecho tu comida y quieres asegurarte de que una proporción justa de tu dinero acabe en sus manos. Con frecuencia, el comercio directo afirma que paga un precio justo. De todos modos, sin el certificado de un tercero, esta afirmación se basa en la confianza y no siempre es tan exhaustiva.

Hace poco, viajé a Kenia con The Fairtrade Foundation y fui testigo directo de cómo el comercio justo está mejorando la vida de pequeños granjeros y de sus familias. Fairtrade Africa ha lanzado un programa llamado Growing Women in Coffee para ayudar a las agricultoras a recibir un precio justo por su trabajo. Las mujeres que colaboran con el programa han adquirido cafetos, muchas veces por primera vez, y han roto tabúes culturales sobre la igualdad. Ahora empiezan a abrir sus primeras cuentas bancarias y a triplicar la producción, lo que mejora la calidad de su café y las condiciones de vida de sus familias.

Ajustarnos a nuestros presupuestos ya es suficientemente difícil sin tener que preocuparnos por cómo nuestras acciones ayudan o perjudican a personas que pueden estar en el otro lado del mundo. Sin embargo, cuando comemos de forma consciente y sabemos más cosas acerca de nuestra comida y de su procedencia, todo se vuelve mucho más sencillo.

La comida reúne a la gente y crea y refuerza comunidades, primero alrededor de la mesa, pero también a colectividades enteras de agricultores, productores y comerciantes por todo el mundo. Vivimos en un mundo pequeño donde las comunidades globales están interconectadas por las personas que las dirigen y por sus estructuras, reflejándose mutuamente y reaccionando las unas ante las otras, tanto en lo económico como mediante el intercambio de conocimientos.

El comercio justo y el medioambiente

La protección del medioambiente es un elemento clave del concepto de sostenibilidad de Fairtrade, que exige tanto a los pequeños agricultores como a las organizaciones más grandes con mano de obra contratada que cumplan con sus estándares en áreas como:

Reducción del consumo de energía y de emisión de gases de efecto invernadero

Calidad del suelo y del agua

Gestión de plagas

Protección de la biodiversidad

Prohibición de organismos modificados genéticamente y de productos químicos perjudiciales

Gestión de residuos

Entre múltiples criterios, los estándares prohíben el uso de determinadas sustancias agroquímicas que son perjudiciales para el medioambiente y para la salud e insisten en la reducción del uso de pesticidas. Se aseguran de que se use material de protección personal adecuado, de que las granjas no generen residuos peligrosos y de que usen el agua de forma sostenible, y promueven actividades para mejorar la biodiversidad.

Los estándares también facilitan la formación de los agricultores, por ejemplo en cuestiones como la adopción de prácticas respetuosas con el medioambiente y, por ejemplo, el desarrollo de suelos ricos en nutrientes donde crecen plantas sanas y que ayudan a controlar las plagas y las enfermedades. Se ha demostrado que esto lleva a buenas prácticas agrícolas que, a su vez, promueven una producción medioambientalmente sostenible.

Los pequeños agricultores de todo el mundo son los que más sufren las consecuencias del cambio climático, que causa patrones meteorológicos impredecibles, la aparición de nuevas plagas y la rápida propagación de las enfermedades. Los estándares promueven mejores prácticas agrícolas, que guían a los productores a la hora de adaptarse al cambio climático y de mitigar su impacto.

Trazabilidad

El fraude cuesta al sector alimentario unos 12 500 millones de euros anuales. El sistema global de alimentación es corrupto, desde la carne de caballo hasta la miel falsa. Reducir los eslabones de la cadena alimentaria y comprar directamente al productor es una de las maneras para mejorar la trazabilidad de la comida. Aunque algunos alimentos importados ofrecen información clara y honesta sobre su origen, con frecuencia es necesario contar con la certificación de un tercero.

La trazabilidad de los productos que compramos a agricultores locales o a empresas que tratan directamente con ellos es mucho mejor y, además, normalmente también son productos de mejor calidad. Cuando tenemos que comprar a mayor distancia, los organismos de acreditación son de un valor incalculable, porque comprueban por nosotros que los alimentos se hayan producido éticamente.

Celebra los alimentos importados de granjas y comunidades a las que te gustaría dar tu apoyo

Aunque lo mejor es basar la compra semanal en productos locales, de temporada y bien cultivados, vivimos en un mundo global en el que el comercio internacional puede ayudar a regenerar economías, e incluso entornos, lejanos.

Comprar fruta y verdura local y de temporada en las granjas cercanas, de tu país y de las naciones vecinas (si se han transportado por tierra o mar y desde una distancia razonable) evita las colosales emisiones de carbono que suelen estar asociadas a los productos transportados por vía aérea.

Aunque el transporte marítimo aún podría mejorar mucho, produce hasta tres veces menos emisiones que los alimentos transportados por tierra. El disfrute de especias y otros ingredientes exóticos procedentes de granjas, productores y proyectos comunitarios responsables ejerce un impacto positivo sobre el medioambiente y la sociedad locales, al tiempo que produce relativamente pocas emisiones asociadas al transporte.

Debemos ser más sensibles y conscientes del impacto local que supone la exportación de alimentos desde su origen. Un buen verdulero o frutero sabrá cómo se ha transportado la comida que vende.

Cosas que recordar cuando compramos productos importados:

Evita alimentos transportados por avión

Compra productos frescos de temporada y tan locales como te sea posible

Da prioridad a los productos deshidratados locales sobre los productos importados

Ten en cuenta el impacto social y medioambiental de la granja, además de los kilómetros alimentarios

3.3 ACTÚA COMO SI MARCARAS UNA DIFERENCIA

Llegué a Organiclea (una cooperativa de trabajadores del sector de la alimentación en el valle del Lea, cerca de Londres) y me encontré con un hervidero de actividad: a mi izquierda, cuatro personas removían con grandes palas un montón de compost verde; a mi derecha, otras veinte metían todo tipo de verduras en bolsas de papel para repartirlas... Las mesas estaban cubiertas de cajas de nabos con hojas, zanahorias llenas de tierra y toda suerte de verduras interesantes. La misión de Organiclea es producir y distribuir alimentos localmente e inspirar y ayudar a otros a hacer lo mismo. No deberíamos subestimar el impacto colectivo de nuestras acciones individuales. Juntos podemos marcar una gran diferencia sobre nuestro entorno local y el impacto que la humanidad ejerce sobre el mundo. El futuro de nuestro planeta depende de que profundicemos en nuestra relación con la naturaleza y de que la valoremos de verdad. Necesitamos un sistema de alimentación adaptable que use tecnologías modernas y antiguas para promover la diversidad y la Tierra. Saber de dónde viene la comida, tomar decisiones informadas y preguntar a los vendedores, a los supermercados y a los legisladores ayuda a promover el cambio.

Las granjas pequeñas son diversas y adaptables por naturaleza, y su éxito depende de que las comunidades locales, es decir nosotros, las apoyemos. Algunos podemos hacer más que otros, en función del tiempo de que dispongamos y de nuestra situación económica. Sin embargo, si los que nos podemos permitir comprar fruta y verdura frescas mejoramos nuestros hábitos, todos saldremos beneficiados. Apoyar a estas granjas no tiene por qué salir más caro que una dieta normal: si cambiamos de hábitos y empezamos a consumir alimentos integrales, de temporada y diversos, esta manera de comer también puede ser muy eficiente en términos de tiempo gracias a la tecnología moderna. Invertir en nuestra alimentación y en nuestros agricultores los ayuda a crecer, protege el entorno y promueve un trato justo entre personas. Los beneficios son multifacéticos y sustentan y enriquecen nuestras vidas y las de los demás con una nutrición mejor, unas comunidades reforzadas y el placer de la buena comida.

> No somos consumidores. Debemos abandonar ese término. Somos ciudadanos, creadores y artistas.
>
> SATISH KUMAR

DESAYUNOS

Gachas perfectas

Puedo comer gachas (crema de cereales) a cualquier hora del día. Se preparan en un momento y son una manera extraordinaria de dar rienda suelta a nuestro chef interior. Cocina con confianza y creatividad y experimenta con distintas combinaciones de sabores para crear tu receta definitiva.

Elige un cereal integral o en copos

(50 g por persona)

amaranto, arroz silvestre, avena, centeno, espelta, kamut, mijo, quinoa, teff, trigo sarraceno, etc.

Líquido

(Añade 350 ml por persona si preparas gachas cocidas o 100 ml si se trata de muesli Bircher) agua, zumo o la leche de tu elección (avena, cáñamo, almendras, etc.) encontrarás recetas en la pág. 224)

Crudo > Muesli Bircher

Mezcla los copos o los cereales precocidos con el líquido de tu elección. Añade ¼ de manzana rallada, 1 cdta. de jugo de limón y 100 g de yogur (pág. 224) por persona. Mézclalo todo y mételo en el frigorífico hasta el día siguiente. Consúmelo en un máximo de 5 días.

Cocido > Gachas

Lleva los cereales y el líquido a ebullición y déjalos hervir a fuego lento. Si usas cereales en copos, cuécelos a fuego lento durante 10 minutos hasta que se hayan ablandado y tengan una consistencia cremosa. Si empleas cereales enteros, cuécelos hasta que queden muy blandos (los de grano duro, como el centeno, la espelta o el arroz, tardarán más, hasta 1½ horas). Remueve con regularidad, como si se tratara de risotto, y añade más líquido si es necesario. Consejo umami: ¡potencia el sabor con una pizca de sal!)

Elige la guarnición
(añade la cantidad que quieras)

Especias y otros

Aciano
Baobab en polvo
Canela molida
Cúrcuma
Granos de cacao
Jengibre molido
Hojas de lima kaffir
(troceadas)
Nuez moscada
Pétalos de caléndula
Zumaque
etc.

Edulcorantes

Azúcar sin refinar
Jarabe de dátiles
Jarabe de arce
Melaza
etc.

Frutos secos, semillas y mantequillas secos de frutos secos

Avellanas
Coquitos de Brasil
Nueces
Pipas de calabaza
Pipas de girasol
Pipas de cáñamo
Semillas de chía
Semillas de lino
Semillas de sésamo
Semillas (blanco y negro)
etc.

Fruta cruda, seca o cocida

Albaricoques
Bayas
Cerezas
Ciruelas
Dátiles
Manzanas
Moras
Peras
Ruibarbo
Uvas pasas
etc.

Mis combinaciones preferidas

Primavera: gachas de avena con manteca de calabaza, cáñamo y de coquito del Brasil (pág. 56) y ruibarbo asado
Verano: gachas de amaranto con mantequilla de albaricoque y semillas de cáñamo tostadas
Otoño: gachas de espelta con compota de moras negras y coquitos de Brasil
Invierno: gachas de arroz con manzana, albaricoque y pipas de calabaza

¡Disfruta!

Mantequillas de semillas y frutos secos

Para unos 500 g de cada

Los frutos secos y las semillas, desde las nueces, que alimentan el cerebro, hasta los coquitos de Brasil, ricos en selenio, nos proporcionan nutrientes y grasas esenciales. Las mantequillas de frutos secos se preparan en cuestión de minutos, aportan sabor y frescor a la comida y reducen costes y desechos. En la medida de lo posible, compra las semillas y los frutos secos a granel (a la larga, ahorrarás). Puedes usar este método para elaborar mantequilla con cualquier fruto seco o semilla, desde manteca de cacahuete hasta *amlou*, una pasta de untar tradicional marroquí que he disfrutado en mis frecuentes viajes al país, donde la venden en puestos ambulantes de las cunetas. Contiene el atractivo aceite de argán, con notas a frutos secos y aromas muy redondos que, además, tiene muchas propiedades antioxidantes gracias a los compuestos fenólicos y a la vitamina E que contiene.

Mi mantequilla de calabaza, cáñamo y coquitos de Brasil es deliciosa, exquisita, suave, con notas terrosas y rebosante de ácidos grasos omega-3 y omega-6. La crema de cacao y avellanas es mi versión personal de Nutella y contiene nutrición y placer a partes iguales, sin los aditivos. El cacao crudo es una de las fuentes más ricas de polifenoles y es especialmente rico en flavanoles, que se cree que tienen propiedades antiinflamatorias y antioxidantes.

Mantequilla de calabaza, cáñamo y coquitos de Brasil

200 g de pipas de calabaza

50 g de semillas de cáñamo

200 g de coquitos de Brasil

50 ml de aceite de oliva virgen extra o de cáñamo

Crema de cacao y avellanas

220 g de avellanas

50 g de cacao crudo en polvo

120 g de jarabe de arce u otro edulcorante

4 cdtas. de aceite de oliva virgen extra

150 ml de leche de avellana o de otro tipo (pág. 224)

1 cdta. de sal

Amlou (crema de untar marroquí de almendra y aceite de argán)

300 g de almendras de comercio justo

100 ml de aceite de argán o de aceite de oliva extra virgen

100 ml de jarabe de arce o de otro edulcorante líquido

1 cdta. de sal marina

50 ml de agua templada

Precalienta el horno a 190 °C y mete una bandeja para que se vaya calentando.

Dispón las semillas y los frutos secos sobre la bandeja de horno precalentada y tuéstalos durante 8-10 minutos. Cuando los saques, deja que se enfríen y tritúralos hasta que obtengas la consistencia deseada, ya sea crujiente, suave o cualquier punto intermedio.

Si has de añadir más ingredientes, como aceite, cacao en polvo, leche de avellana o edulcorantes, incorpóralos ahora y tritúralos brevemente para que se integren bien. Guarda la mantequilla en el frigorífico en un contenedor hermético. Se conservará hasta 6 meses.

Tortitas

Para 8 tortitas grandes

Hay muchos tipos de tortitas… desde la *injera* etíope hasta la *galette de Sarrasin* francesa. A mí me encantan para desayunar, almorzar o cenar. Son rápidas de hacer y solo hacen falta unos cuantos ingredientes de los que siempre tenemos en la despensa. Es mejor hacer la masa con antelación, que se conservará durante 5 días en el frigorífico. Preparar grandes cantidades de masa para tortitas te facilitará los desayunos, que, además, serán de lo más indulgentes. Esta receta es muy sencilla y sale bien con casi cualquier espesor o combinación de ingredientes, así que lánzate a experimentar y disfruta de una variedad de harinas rebosantes de sabor.

150-300 g de harina integral (p. ej., trigo sarraceno, kamut, espelta)

4 cdas. de semillas de lino molidas

400 ml de agua o de la leche de tu elección (pág. 224)

1 ½ cdtas. de bicarbonato (opcional, para tortitas más gruesas)

1 cda. de vinagre de manzana crudo (opcional, para tortitas más gruesas)

aceite de oliva virgen extra

Puedes aromatizar la masa con restos de purés que te hayan sobrado, como puré de patatas, gachas, pulpa de fruta, purés de verduras, etc.

Pon la harina en un cuenco. Si quieres crepes de estilo francés, muy finos, empieza con 150 g de harina y si los deseas más gruesos, empieza con 300 g.

Añade las semillas de lino, 400 ml del líquido que hayas elegido y una pizca de sal. Remuévelo bien todo hasta que no quede ningún grumo. Agrega más agua o leche hasta que obtengas la consistencia que desees. La masa fina para crepes debería tener una consistencia parecida a la crema de leche o la leche evaporada y la masa para tortitas más espesas debería estar en algún punto entre la nata para montar y la masa para pasteles. Guárdala en el frigorífico hasta que la necesites.

Calienta a fuego medio una sartén con un poco de aceite y ajusta la temperatura si es necesario para evitar que llegue a humear.

Para tortitas finas, vierte un cucharón de masa en la sartén mientras la haces girar para que la masa cubra toda la base. Calienta a fuego medio hasta que la tortita cuaje y se empiece a dorar por abajo. Levanta con cuidado los laterales, para asegurarte de que no se peguen, dale la vuelta a la tortita y hazla por el otro lado.

Para tortitas más gruesas, añade a la masa el bicarbonato y el vinagre de manzana y remuévelo bien todo. Vierte cucharaditas de postre de la masa una a una en la sartén caliente y deja espacio entre ellas para que se puedan expandir. Cuando la cara inferior se haya dorado, dales la vuelta con una espátula y cocínalas por el otro lado durante 1-2 minutos más, hasta que también se hayan dorado.

Pasa las tortitas a una bandeja caliente y cúbrelas con un paño limpio mientras haces el resto.

Sírvelas con los condimentos de tu elección (dcha.).

Invéntate una tortita

1   ELIGE UNA HARINA

Promueve la agrodiversidad y experimenta con harinas diferentes

arroz	farro
centeno	kamut
espelta	trigo sarraceno
	etc.

2   APUESTA POR LA TEMPORADA

Añade fruta de temporada, ya sea fresca o cocida

bayas	peras
manzanas	ruibarbo
membrillo	etc.

3   EL PODER DE LAS PLANTAS

Añade textura y proteínas

coquitos de Brasil	pistachos
pipas de calabaza	semillas de sésamo

4   FRUTA DE COMERCIO JUSTO

Añade fruta seca troceada procedente de proveedores justos

albaricoques	manzanas
dátiles	moras negras
higos	uvas pasas

5   EDULCORANTES INTEGRALES

¿Eres lo bastante dulce?

azúcar sin refinar	melaza
jaggery	melaza de dátil
jarabe de arce	panela

6   EL TOQUE FINAL

Usa los restos que encuentres en la despensa

cereales inflados	ralladura de cítricos
flores secas	sorbete
pepitas de cacao	yogur (pág. 224)

Setas, ajo de oso y crema de judías blancas con *dukkah*

Para 2 personas

Es un almuerzo a base de alimentos recolectados, perfecto tras haber madrugado para ir en busca de setas, ajo de oso y espinacas, ya sea en el bosque cerca de casa o en el mercado. Aquí he usado una combinación de setas silvestres y cultivadas (shiitake, colmenillas y gírgolas de castaño), pero puedes experimentar con las variedades que encuentres.

Si aún no has empezado a recolectar comida pero te gustaría empezar, el ajo de oso es ideal para principiantes. La intensidad de su olor permite identificarlo con facilidad y es una hierba muy abundante.

Para la crema de judías blancas

240 g de judías blancas cocidas, con el agua de cocción reservada

aceite de oliva virgen extra, al gusto

la ralladura y el jugo de ¼ de limón sin encerar

Para las setas

1 chorrito de aceite de oliva virgen extra

300 g de setas cultivadas y silvestres

80 g de ajo de oso (o espinacas), lavado

2 cdas. de *dukkah* de rosas, para servir (pág. 185)

Para la crema de judías, mete las judías escurridas en un triturador con un chorrito de aceite de oliva, un poco de la ralladura de limón y un chorro de jugo de limón. Tritúralas y sazónalas al gusto y, si es necesario, añade más aceite de oliva, jugo de limón y sal. Si hace falta, agrega también un poco del líquido de cocción o agua hasta que obtengas una consistencia fina y ligera, semejante a la del hummus. Reserva la crema mientras preparas las setas.

Calienta a fuego medio una sartén de fondo grueso con un chorro de aceite. Añade las setas, tapa la sartén y sofríelas durante 5 minutos sin removerlas. Destapa la sartén, dale la vuelta a las setas y fríelas durante 2 minutos más o hasta que se hayan tostado por los dos lados.

Cuando vayas a comer, junta las setas a un lado de la sartén y coloca el ajo de oso (o las espinacas) en un pequeño montón junto a ellas. Tapa la sartén, deja que la verdura se haga al vapor durante 2 minutos y luego remuévela y añade sal y pimienta.

Sirve inmediatamente, con la crema de judías blancas y el *dukkah* espolvoreado por encima.

Puré de habas

Para 4-6 personas

Marruecos es uno de mis destinos preferidos. Después de hacer un poco de surf al amanecer, acostumbro a desayunar esta sopa tradicional marroquí llamada *bissara*. Es reconfortante, cremosa y absolutamente deliciosa, sobre todo cuando se remata con un buen chorro de aceite de oliva o de argán y una pizca de aromático comino.

En el Reino Unido se cultivan habas desde la Edad del Hierro. Las habas secas son un ingrediente muy versátil que apenas se consume en Gran Bretaña y que, en su mayoría, se exporta a Egipto u otros lugares del mundo. Un pionero llamado Nick Saltmarsh vio el potencial de este producto y fundó una empresa llamada Hodmedod's. Gracias al gran interés que despiertan últimamente los ingredientes locales tanto entre los chefs profesionales como entre los cocineros caseros, su compañía ha crecido mucho y ahora trabaja con todo tipo de productos, desde lentejas rojas de Hertfordshire hasta quínoa cultivada en Essex. En este libro aprovecho estas legumbres locales, que uso como alternativa a la soja, los garbanzos y otros productos importados siempre que es posible. Te recomiendo que hagas lo mismo y que uses los productos más locales en función de dónde vivas.

250 g de habas secas

3 dientes de ajo, pelados

2 cdas. de semillas de comino, tostadas en una sartén sin aceite, y un poco más para servir

Para servir

Aceite de oliva virgen extra o aceite de argán, hojas de apio (opcionales), ½ limón sin encerar

Pon las habas y el ajo en una cazuela grande y cubre con 1 ¼ litros de agua. Llévalos a ebullición, baja el fuego para que hiervan a fuego lento y tapa la cazuela. Cuécelos a fuego lento durante unos 45 minutos o hasta que las habas se deshagan. Añade más agua si es necesario.

Tritura los ingredientes con una batidora de mano hasta que obtengas una textura lisa, sazona, incorpora comino al gusto y un poco más de agua si es necesario, para que alcance la consistencia de una sopa espesa o un puré ligero.

Sirve el puré en cuencos y agrega un chorro de aceite de oliva virgen extra o de argán. Aderézalo con hojas de apio y una pizca de comino. Sirve cada cuenco con una cuña de limón al lado.

Revuelto ranchero con tofu o «cafu»

Para 4 personas

He tenido la suerte de vivir en Latinoamérica, donde aprendí a surfear, a bucear, a hacer barbacoas y a comer chiles. Los huevos rancheros eran, y siguen siendo, mi desayuno preferido después de una buena tanda de surf. Es una comida saciante, especiada y deliciosa que se sirve con tortillas de maíz, salsa fresca, frijoles refritos y guacamole. Aunque se suele preparar con huevos, como indica su nombre, aquí los he preparado con mi tofu casero, que elaboro con pipas de calabaza y al que llamo «cafu». Tanto el tofu como el cafu permiten hacer un revuelto perfecto y están deliciosos si se sazonan con sal negra de la India y chiles picantes.

Aunque la diversidad de las semillas no hace más que disminuir (pág. 17), la agrodiversidad de algunas especies de plantas está aumentando gracias a horticultores de todo el mundo que exploran variedades nuevas e interesantes de ingredientes como los chiles. Ahora hay entre dos mil y tres mil cultivares de chiles en todo el mundo, que van desde las variedades muy suaves que puedes comer directamente crudas, como el chile poblano (ya sea fresco o en su forma seca, que recibe el nombre de chile ancho y tiene un sabor ahumado), hasta las variedades más picantes, que harán que te explote la cabeza con solo tocarlas con la punta de la lengua (algunas, como la Carolina Reaper, que alcanzan un abrasador 2 200 000 en la escala Scoville del picante). Busca variedades locales en programas de cajas de frutas y verduras y en los mercados, cooperativas agrícolas o verdulerías.

110 g de harina para masa de tortillas (u 8 tortillas de maíz)

240 g de judías negras cocidas (pág. 155), con el agua de cocción reservada

2 chiles guajillo secos, en remojo en agua (o 1 chile rojo fresco)

2 chiles chipotle secos, en remojo (o 1 chile rojo fresco)

3 tomates, troceados pequeños

½ cebolla roja, picada fina

1 diente de ajo, picado fino

1 chorro de aceite de oliva virgen extra

400 g de cafu (pág. 224) o de tofu sedoso orgánico o biodinámico, escurrido

¼ de cda. de cúrcuma molida

4 tallos de cilantro fresco, picados finos, sin las hojas

guacamole de habas (pág. 64), para servir, opcional

Para las tortillas, pon la harina en un cuenco y añade 180 ml de agua caliente. Sazónalas y remuévelas hasta que la masa sea firme, pero no se desmenuce. Cubre el cuenco con un paño y déjalas reposar durante 1 hora. Separa la masa en ocho bolas y aplánalas con un molde para tortillas o con un rodillo de modo que obtengas discos de 8 cm de diámetro.

Precalienta una plancha a fuego alto y cocina las tortillas de una en una, durante 1 minuto por cada lado o hasta que se empiecen a quemar. Envuélvelas en un paño limpio para que se mantengan calientes mientras preparas las demás.

Mientras, vierte las judías negras cocidas en una cazuela mediana, añade un poco del líquido de cocción y vuelve a calentarlas a fuego suave. Salpiméntalas. Tritúralas parcialmente con una batidora de mano o con un pasapurés e incorpora un poco más de líquido de cocción si es necesario.

Para preparar la salsa ranchera, pica finamente los chiles secos o frescos y, en un cuenco, mézclalos con el tomate, la cebolla y el ajo. Sazónalos al gusto.

Para cocinar el cafu o el tofu, calienta aceite a fuego medio en una sartén de fondo grueso y desmenúzalo allí. Espolvorea la cúrcuma sobre el tofu o cafu y sofríelo durante unos 5 minutos o hasta que tenga aspecto de huevos revueltos. Añade los tallos de cilantro y la mitad de la salsa ranchera y lleva todo suavemente a ebullición.

Para servir, pon las judías refritas sobre las tortillas y, encima, el cafu o el tofu. Adereza el plato con las hojas de cilantro y sirve el resto de la salsa ranchera aparte. Si lo deseas, lánzate y acompáñalo con guacamole de habas.

Tostada de falso aguacate: guacamole de habas, cilantro y chile

Para 4 tostadas

¿Quién necesita aguacate en una tostada teniendo habas? Cuando las trituramos, son cremosas, untuosas y de un verde intenso, como el aguacate, pero con una fracción de la huella de carbono de este. Es posible que las tostadas de aguacate sean unos de los desayunos más pedidos en el mundo entero. Son deliciosas, sí, pero su popularidad está sometiendo a la cadena de producción a una presión enorme que ha afectado a los países de origen, como México o Kenia, donde el aumento de los precios ha hecho que este alimento antes básico sea ahora prohibitivo para algunos de sus habitantes. Para mejorar tu huella de carbono, trata los aguacates como un capricho y experimenta con otras alternativas locales, como este guacamole de habas. Se prepara de la misma manera que el guacamole normal, pero con habas en lugar de aguacate. Primero se blanquean y luego se trituran con lima, cilantro y aceite de oliva. ¡A disfrutar!

360 g de habas frescas o congeladas (peso una vez desgranadas)

1 chorro de aceite de oliva virgen extra, y un poco más para servir

6 ramitas de cilantro fresco, deshojadas y con los tallos picados finos

la ralladura y el jugo de una lima sin encerar

Para servir

½ cebolla roja, en dados pequeños

4 rebanadas de pan

1 pizca de chile seco en escamas o unas rodajas de chile rojo fresco

1 pizca de zumaque, opcional

Blanquea las habas durante 3 minutos en una cazuela grande llena de agua hirviendo, escúrrelas y pásalas por agua fría bajo el grifo. Mételas en un robot de cocina, añade el aceite de oliva virgen extra, los tallos y la mitad de las hojas de cilantro y la ralladura y el jugo de lima y tritura hasta que obtengas la consistencia de un puré cremoso. Sazónalo.

Extiende el guacamole con generosidad sobre el pan tostado y aderézalo con el resto de las hojas de cilantro, la cebolla roja, un poco de chile, una pizca de zumaque (si has decidido usarlo) y un poco de aceite de oliva.

Chaat con guandúes y tomates

Para 2-4 personas

Descubrí el *chaat* durante mis viajes por la India, donde lo venden en la calle como un delicioso tentempié sobre hojas de palma que sirven de plato. Esta receta es una versión del *aloo chaat* y se parece al *hash* de patata, pero es mucho más especiado. Es ideal para un desayuno de tenedor. Los tomates fritos entre las patatas se convierten en unas jugosas y dulces bombas de sabor que explotan en la boca. Añade abundante yogur y tamarindo al plato, para suavizar las especias y enriquecer el plato.

El *chaat masala* es la aromática mezcla de especias que aporta al *chaat* su sabor único. Aunque puedes comprarlo en colmados indios o por internet, es muy fácil de preparar en casa y las especias recién molidas siempre son más fragantes. Si no puedes encontrar estos ingredientes, el *garam masala* es un sustituto ideal.

Chaat masala (para 55 g)

1 cdta. de semillas de cilantro

1 ½ cdtas. de semillas de comino

½ cdta. de jengibre molido

2 cdas. de pimienta negra recién molida

½ cdta. de *amchoor* (mango seco en polvo)

2 ½ cdtas. de *garam masala*

1 ½ cdtas. de sal negra de la India o de sal marina

1 cdta. de tomillo fresco picado o de tomillo seco

½ cdta. de menta fresca picada o de menta seca

Chaat

500 g de patatas nuevas

1 chorro de aceite de oliva virgen extra

4 cdtas. de *chaat masala* (arriba) o de *garam masala*

120 g de guandúes o de garbanzos cocidos (pág. 155)

2 tomates (aprox. 100 g), en octavos

2 cebolletas, laminadas finas longitudinalmente

6 ramitas de cilantro fresco, deshojadas, con los tallos picados finos

1 chile verde, en rodajas finas, al gusto

2 cdas. de pasta de tamarindo y un poco más para servir

Para servir

Yogur (pág. 224), sal negra de la India o sal marina, cuñas de lima sin encerar

Para el *chaat masala*, tuesta las semillas de cilantro y de comino a fuego medio en una sartén sin aceite hasta que empiecen a despedir su fragancia. Pásalas a un mortero (o a un molino de especias) y muélelas hasta reducirlas a polvo. Añade el resto de los ingredientes y guárdalos en un recipiente hermético.

Para el *chaat*, hierve las patatas durante 15 minutos o hasta que se ablanden y escúrrelas. Devuélvelas a la cazuela y aplástalas ligeramente con un tenedor. Calienta a fuego medio el aceite de oliva en una sartén de fondo grueso y añade las patatas aplastadas y dos cucharaditas del *chaat masala* o del *garam masala*. Fríe las patatas hasta que se empiecen a dorar. Agrega los gandúes o los garbanzos y los tomates, y mantenlo todo al fuego durante unos minutos, hasta que las patatas se empiecen a tostar. Incorpora el resto de ingredientes y reserva algunas hojas de cilantro.

Para terminar, reparte los ingredientes en dos o más platos. Añade abundantes yogur y tamarindo. Sazona con una pizca de sal negra de la India o sal marina y espolvorea por encima las hojas de cilantro que has reservado. Sírvelo acompañado de unas cuñas de lima.

Revuelto de garbanzos y *harissa*

Para 2 personas

Esta receta se inspira en un plato que sirven en Five Leaves, mi local de desayunos preferido de Brooklyn, Nueva York. Los garbanzos, la masa, las especias y los tomates se fríen juntos y forman un gran revuelto. ¡El paraíso de los desayunos! En nuestro restaurante Poco de Bristol servimos una versión de este revuelto de *harissa* desde nuestra inauguración. Esta versión se basa en vegetales y usamos *besan* o harina de garbanzo en lugar de huevos.

85 g de *besan* o harina de garbanzo, mezclada con 100 ml de agua y amasada, idealmente entre 1-8 horas antes de elaborar el plato

½ cda. de vinagre de manzana (pág. 223)

¼ de cdta. de levadura

½ cdta. de cúrcuma molida

1 chorro de aceite de oliva virgen extra, para freír

½ cebolla roja pequeña, en rodajas finas

120 g de garbanzos (u otra legumbre) cocidos (pág. 155)

1 diente de ajo, majado

½ cdta. de semillas de comino

½ cda. de pimentón ahumado

20 g de tomates secos, troceados finos, opcionales

Para servir, opcional

rebanadas finas de pan integral, yogur (pág. 224), condimentos a tu gusto (p. ej., cebolletas en rodajitas, chile seco en escamas, hojas de cilantro fresco, jugo de limón)

Añade el vinagre, la levadura y la cúrcuma a la masa de harina de garbanzo, remueve bien la mezcla y resérvala.

Calienta un chorro de aceite a fuego medio en una sartén. Cuando esté caliente, incorpora la cebolla y los garbanzos o legumbres de tu elección y sofríelos durante un par de minutos, removiéndolos de vez en cuando. A continuación agrega el ajo, las especias y los tomates secos (si has decidido incluirlos) y sofríelo todo durante un par de minutos más, sin dejar de removerlo.

Vierte la masa de harina de garbanzo en la sartén y espera unos veinte segundos para que empiece a cuajar antes de raspar el fondo de la sartén con una espátula. Repite el proceso cada 20 segundos, removiendo bien la mezcla cada vez y prestando atención para que no se pegue ni se queme.

Sirve caliente, solo o con pan y yogur y con los condimentos de tu elección.

Congee de mijo negro (o arroz) con alga dulse asada

Para 2-4 personas

El *congee* son unas gachas saladas que se consumen en la mayoría de Asia y que se suelen tomar como desayuno o almuerzo contundentes. Normalmente se elaboran con mijo o con arroz, que se cuecen durante mucho tiempo hasta que se deshacen y se vuelven cremosas, como un *risotto*. Como los cereales se cuecen tanto, el *congee* es muy nutritivo y es muy útil a la hora de recuperar energía.

Encurtir verduras no es solo un ingenioso método tradicional para conservar ingredientes, sino que también es una manera de transformarlas instantáneamente en un condimento único y vibrante. La col roja es muy adecuada para esta técnica, porque adopta un intenso color magenta y adquiere un maravilloso sabor ácido que encaja a la perfección con el *congee*.

100 g de mijo de dedo, arroz negro o arroz integral de grano corto

1 litro de caldo de shiitake y kelp (pág. 219) o agua

3 dientes de ajo, pelados

2 cm de jengibre fresco, con la piel, rallado (aprox. 1 cda.)

2 cebolletas, laminadas finas longitudinalmente

1 cdta. de aceite de sésamo (o 1 cda. de aceite de oliva), y un poco más para servir

tamari o salsa de soja, al gusto, y un poco más para servir

Para servir, opcional

una pizca de alga dulse (u otra) asada, col encurtida (pág. 222) o col cruda en juliana, tallos de cilantro fresco, judías verdes blanqueadas, chalotas crujientes secas, semillas de sésamo, chile rojo o verde picado fino

En una cazuela, lleva a ebullición el caldo de shiitake o el agua y el mijo o el arroz. Añade el ajo, el jengibre y la mitad de las cebolletas y baja el fuego para que el caldo hierva lentamente. Deja cocer a fuego bajo durante 45-60 minutos, removiéndolo de vez en cuando. Vigila bien el *congee*, sobre todo porque el arroz se espesa hacia el final de la cocción y, entonces, aumentan las probabilidades de que se pegue. Añade más agua si es necesario.

Cuando los granos estén tiernos y cremosos, retira la cazuela del fuego y aliña el *congee* con el aceite de sésamo o de oliva, el tamari o la salsa de soja, y sal al gusto.

Sirve el *congee* en un cuenco, aderezado con el resto de la cebolleta, el alga dulse asada (si has decidido usarla) y cualquier otro condimento de tu elección.

Barritas de desayuno con calabaza, moras negras y espelta

Para 12 barritas

Estas barritas son un desayuno para llevar tan nutritivo como sabroso. Están hechas con espelta, que enriquece el suelo; pipas de calabaza, repletas de ácidos grasos omega-3 y omega-6; cacao, cargado de energía, y calabaza de temporada, que también es muy rica en nutrientes. No tienen ni azúcar de caña ni trigo, por lo que son un tentempié rico en energía de liberación lenta.

La espelta es un híbrido de rompesacos y de farro, tiene un sabor intenso con notas de frutos secos y se puede usar como alternativa al trigo en casi todo, desde la pasta hasta las masas para hornear. A diferencia del trigo, la espelta tiene una cáscara externa gruesa, por lo que es resistente y relativamente fácil de cultivar sin fertilizantes ni pesticidas. También contiene más fibra, magnesio, hierro y zinc.

1 trozo de calabaza de 200 g (con las semillas, la cáscara y los filamentos incluidos)

aceite de oliva virgen extra, para rociar

150 g de los frutos secos que prefieras, majados gruesos

100 g de las semillas que prefieras

200 g de dátiles, deshuesados

65 g de copos de espelta o de avena

20 g de cereales inflados (p. ej., quínoa, mijo, amaranto), opcionales

50 g de moras negras secas o de uvas pasas

2 cdas. de harina de espelta o de otro tipo

50 g de pepitas de cacao, opcionales

1 pizca de sal marina

Precalienta el horno a 180 °C y forra una fuente de horno o de gres cuadrada con papel de horno sin blanquear.

Retira los filamentos de la calabaza y disponlos sobre la fuente que acabas de preparar. Trocea la calabaza, con la piel, en cubos de 1 o 2 cm y disponlos también en la bandeja, junto a los filamentos. Rocíalo todo con aceite de oliva y hornéalo durante 15 minutos.

Pon 100 g de frutos secos en un robot de cocina y tritúralos hasta que obtengas una harina gruesa. Añade las semillas de la calabaza, una tercera parte de la calabaza asada, el resto de semillas y los dátiles, y tritúralo todo hasta que obtengas una pasta espesa. Pasa la masa a un cuenco y agrega el resto de frutos secos y de la calabaza asada. Incorpora el resto de ingredientes y remuévelo bien para mezclarlo todo.

Extiende la pasta uniformemente sobre la fuente de horno o de gres forrada con papel y hornéala durante 25-30 minutos o hasta que se empiece a tostar. Córtala en forma de barras cuando aún esté caliente y deja que se enfríen. Guarda las barritas en el frigorífico en un recipiente hermético. Se conservarán durante 1 semana.

Besan bhajis
con hojas de rabanito y de remolacha

Para 2 personas como plato principal o 4 personas como acompañamiento

Los *besan bhajis* son un plato tradicional indio elaborado con *besan*, o harina de garbanzo, y verduras fritas. Los *bhajis* se pueden freír en una freidora, como las *pakoras*, o se pueden saltear en la sartén, como en esta receta. Hechos así, tienen una textura similar a la de los huevos revueltos y su aspecto se parece mucho si se tiñen con cúrcuma y se sazonan con sal negra.

La untuosidad de esta receta, sumada a su rapidez de preparación, la ha convertido en uno de los desayunos preferidos en casa cuando nos apetece algo nutritivo, saciante y lleno de sabor.

La sal negra, sobre todo la de la India, tiene un atractivo sabor a azufre que recuerda al de los huevos duros. Es un ingrediente muy interesante en la cocina, sobre todo cuando comemos más plantas. Úsala en cualquier plato que quieras animar, porque tiene un sabor intenso con el que vale la pena experimentar.

---

40 g de *besan* o harina de garbanzo

1 chorro de aceite de oliva virgen extra, para freír

½ cdta. de cúrcuma molida

1 cdta. de semillas de comino

2 cdtas. de *garam masala*

4 dientes de ajo, picados gruesos

1 cebolla roja, en rodajas finas

1 chile verde, picado fino

6 ramitas de cilantro fresco, deshojadas y con los tallos picados finos

100 g de hojas de rabanito (o espinacas), en juliana

200 g de hojas de remolacha (o acelgas), en juliana

Para servir

Chapatis *(pág. 230) o tostadas de pan finas, yogur (pág. 224), cuñas de limón sin encerar, sal negra o sal marina*

Tuesta la harina de garbanzo a fuego medio en una sartén sin aceite hasta que empiece a despedir su fragancia y adquiera un ligero color tostado. Resérvala.

Calienta un chorro de aceite a fuego medio en una sartén o un wok y añade las especias, el ajo, la mitad de la cebolla laminada, la mitad del chile y los tallos de cilantro. Sofríelo todo durante 1 minuto, sin dejar de removerlo y sin dejar que el ajo se tueste. Agrega las hojas de rabanito (o las espinacas) y de remolacha (o las acelgas) y sofríelas durante un par de minutos. Incorpora la harina de garbanzo y sigue cocinándolo todo durante 5 minutos más o hasta que las verduras se hayan hecho. Remuévelo de vez en cuando.

Para servir, espolvorea por encima las hojas de cilantro y el resto de cebolla y de chile. Acompaña los *besan bhajis* con los condimentos que hayas elegido.

Mezze matutino: ensalada de invierno troceada con condimentos de la despensa

Para 4 personas

Esta ensalada añade un elemento refrescante en cualquier desayuno o almuerzo. Aquí la he servido con mantequilla de dátiles, *labneh* y verduras encurtidas (pág. 222), pero puedes acompañarla con lo que sea que encuentres en el frigorífico o en los armarios de tu cocina y transformarla así en un suntuoso *mezze* al servirla con un pica-pica a base de sobras.

Los rabanitos, la remolacha, el colirrábano y otros tubérculos crecen con un llamativo penacho de hojas sabrosas y parecidas a las espinacas o las acelgas. Sin embargo, es habitual que estas hojas se corten ya en el origen, por lo que intenta buscar tubérculos orgánicos con sus hojas intactas. Si tienen un color verde intenso son un indicador fantástico de que la verdura es fresca y, aunque son algo más caras, la posibilidad de incluir la piel y las hojas en la dieta compensa el coste adicional, al tiempo que reduce el impacto medioambiental de su producción.

1 colirrábano, en dados pequeños

1 tallo de ruibarbo, en dados pequeños (composta las hojas)

1 manzana de postre, en dados pequeños

6 ramitas de menta, con las hojas y los tallos picados finos

6 ramitas de perejil, con las hojas y los tallos picados finos

2 cdas. de semillas variadas

1 puñado de judías germinadas (pág. 154), opcionales

1 chorro de vinagre de manzana (pág. 223)

Para servir, opcional

puré de dátiles, labneh *(pág. 224), encurtidos (pág. 222), olivas, tempeh, pan sin levadura*

Prepara todos los ingredientes y ponlos en un cuenco, sin remover. Para que la ensalada se mantenga fresca, espera a estar en la mesa y con los comensales ya sentados para aliñarla con el vinagre y removerla. Sírvela acompañada de una variedad de platos.

Latkes de tubérculos y semillas de lino

Para 2 personas

Un *latke* es una tortita de patata de la cocina tradicional judía que también funciona a la perfección si se prepara con otros tubérculos. En esta receta he sustituido el huevo por semillas de lino, ricas en omega-3 y con tonos tostados, que ayudan a ligar la mezcla. Juega con distintas harinas para ver cómo sus sabores influyen en el aroma del *latke*: por ejemplo, verás que la de espelta aporta notas a frutos secos, mientras que la de centeno evoca a la malta y la de trigo da un sabor más sutil y redondo.

Los *latkes* son un desayuno contundente cuando se sirven con compota de manzana y yogur. Si no, también son deliciosos servidos en la cena y acompañados de otros platos, como mis verduras de primavera asadas con mayonesa de mostaza lactofermentada (pág. 161) o la coliflor especiada con *merguez*, tahini y melaza (pág. 118).

150 g de tubérculos variados, rallados
(p. ej., remolacha, apio nabo, nabo, etc.)

½ cebolla, rallada

1 cda. de harina integral

1 cda. de mostaza integral (pág. 161)

2 cdas. de semillas de lino molidas

1 cdta. de levadura

1 chorro de aceite de oliva virgen extra, para freír

Para servir, opcional

hojas de zanahoria o de perejil, compota de manzana, yogur (pág. 224)

Mezcla los tubérculos rallados y la cebolla en un cuenco con un par de pizcas generosas de sal marina y deja reposar la amalgama durante unos 5 minutos, para que la verduras suden y eliminen el exceso de líquido. Luego agarra las verduras a puñados, estrújalas para extraer el agua y ve depositándolas en un cuenco limpio. Guarda el exceso de líquido: mezclado con aceite de oliva virgen extra es un extraordinario aliño para ensaladas. Añade la harina, la mostaza, las semillas de lino y la levadura a las verduras ralladas y remueve bien todo para mezclarlas.

Calienta el aceite de oliva a fuego medio en una sartén. Haz cuatro bolas con la mezcla de verduras y colócalas en la sartén. Aplana los *latkes* suavemente con una espátula y no los toques durante 3-5 minutos o hasta que estén dorados por la parte de abajo y puedas darles la vuelta. Dales la vuelta con cuidado y déjalos al fuego durante unos minutos más, hasta que estén bien dorados. Sírvelos de inmediato, con las hojas, la compota y el yogur o guárdalos para luego y caliéntalos en el horno antes de servirlos.

SLOW FOOD RÁPIDA:
ALMUERZOS Y CENAS

Diversidad de sopas

¿De qué ingredientes dispones? ¿Qué necesitas aprovechar? ¿Qué es lo mejor en el mercado? ¿Qué hay de temporada?

¿Quieres una sopa...

... sedosa y lisa?

Corta las verduras en trozos grandes y tritúralos con la batidora una vez cocinados.

... refinada y delicada?

Corta las verduras en trozos o láminas bien finas.

... rústica y contundente?

Corta las verduras en trozos más grandes.

Trocea las verduras como prefieras y empieza a cocinar la base
La base*

Sofríe lentamente en aceite de oliva virgen extra una combinación de verduras y de cebollas, ajos, puerros, cebolletas... Todas las combinaciones funcionan bien (calcula unos 50 g por persona).

*Ingredientes básicos: apio nabo, colirrábano, hinojo, nabo, pimientos, puerros, salsifí, setas, tomates, zanahoria, etc.

Elige una hierba o dos

Añade tallos de hierbas picados finos y hierbas aromáticas resistentes (p. ej., romero, tomillo, salvia) picadas finas. Guarda parte de las hojas frescas para aderezar el plato (incorpora al gusto): albahaca, hojas de apio, perejil, etc.

¿Qué tal unas especias?

Incorpora una, dos o tres especias a la base y deja al fuego durante 2 minutos (añade al gusto): laurel, cardamomo, chile, etc.

Elige A, B, C o una combinación de las tres

A

AÑADE UN CEREAL O UNA LEGUMBRE
Los cereales agregan textura a las sopas, ya sean rústicas o refinadas. Las legumbres se pueden hervir y triturar, para elaborar un *dal*, o se pueden dejar enteras para un acabado más rústico (50 g por persona): centeno, espelta, farro, etc. o guisantes, habas, lentejas, etc.

B

AÑADE UNA VERDURA ROBUSTA
Corta las verduras como te parezca que quedarán mejor en función de su textura: p. ej., las fibrosas saben mejor en láminas finas (50 g por persona): patata, remolacha, salsifí, etc.

C

AÑADE UNA VERDURA LIGERA
Después de haber añadido el líquido, cuando el resto de verduras ya estén cocidas (50 g por persona): ajo de oso, espinacas, ortigas, etc.

El líquido

Añade agua, el caldo de tu elección o leche (de avena, de cáñamo, de frutos secos, etc., pág. 224). Calcula unos 200 ml por persona. Lleva a ebullición y deja hervir a fuego lento hasta que todos los ingredientes se hayan ablandado. Incorpora más líquido si es necesario. Agrega ahora una VERDURA LIGERA, si has decidido incluirlas, y tritúralo todo si estás preparando una sopa SEDOSA Y LISA.

Aderezos

(añade al gusto): pan duro troceado, algas, encurtidos, flores comestibles, especias, brotes, yogur (pág. 224), etc.

Crujiente

(1 cucharada por persona): frutos secos, semillas, picatostes, cereales inflados, etc.

Omnívoros

Añade al líquido las sobras que tengas, hechas trocitos, para aprovecharlas al máximo.

Para unos 300 ml a 500 ml por persona

¡Disfruta!

Tostadas: *bruschettas, crostinis, smørrebrød*, tostas, *tranchiers*

Una rebanada de pan coronada con un ingrediente sencillo o algunas sobras puede transformar un mísero bocado en una comida de reyes.

Mientras hacíamos las fotografías para el libro, me propuse a mí mismo el reto de crear cada día una tostada distinta con las sobras disponibles. Aquí tienes el resultado. Piensa en el pan como en el medio de transporte encargado de llevar el sabor a la boca. Juega e inventa tus propias tostadas usando tus combinaciones e ingredientes preferidos, pero no te compliques demasiado: con frecuencia, lo más sencillo es también lo mejor.

Durante la Edad Media, era habitual servir la comida sobre una fina rebanada de pan, llamada *tranchier*, en lugar de en platos. Esa fue la tostada, o bocadillo abierto, original. Se pueden preparar con cualquier combinación de ingredientes o sobras. El *smørrebrød* es la propuesta escandinava y suele prepararse con pan de centeno coronado con distintas pastas de untar y condimentos. La *bruschetta*, siempre tostada, es nativa de Italia y se sirve como *antipasto*, o entrante: el pan tostado se frota con ajo, se riega con aceite de oliva y se cubre con una variedad de ingredientes sencillos. El *crostini* es parecido, pero en lugar de usar grandes rebanadas de pan usa otras más pequeñas.

Para preparar *crostinis*, corta en rebanadas finas una barra de pan duro o una hogaza de masa madre, riégalas con aceite de oliva y tuéstalas en un horno precalentado a 180 °C durante 5-10 minutos o hasta que el pan se dore y esté crujiente. Sazona con un poco de sal y acompáñalos con los condimentos que prefieras.

Cuencos de comida

Llenar un cuenco de alimentos nutritivos es una manera de comer sencilla que promueve la reflexión. Un mínimo de contemplación te puede ayudar a crear platos bonitos, de colores variados y nutricionalmente equilibrados. Prepara ingredientes con sencillez e inventa combinaciones con lo que dispongas o lo que sea mejor en cada momento. Esta receta está inspirada en la tradicional dieta mediterránea y en el plato para la salud del planeta de EAT-*Lancet*.

6
OTROS

¡Sigue así! Si tienes otros restos o condimentos que crees que pueden irle bien al plato, añádelos. Los encurtidos y los fermentos como el chucrut (pág. 221) y el *kimchi* son perfectos. Si quieres un impulso nutricional, añade algas; si buscas dulzura, frutos secos; y si te apetece una textura cremosa, el hummus, los purés de verduras y el yogur (pág. 224) son opciones excelentes. La levadura nutricional enriquecida con vitamina B_{12} es un condimento umami magnífico.

5
ALIÑOS

Termina el cuenco con un chorro de aceite de oliva virgen extra y otro de jugo de limón o con un poco de vinagre de manzana, para darle un toque ácido. O sube las apuestas con alguno de los aliños más complejos que encontrarás en las páginas 116-117.

4
HIERBAS Y ESPECIAS

Espolvorea tallos de hierbas aromáticas u hojas enteras picados finos y algunas especias si quieres más profundidad de sabor y de color.

Mejorana, perejil, tomillo, etc. Pimienta de Alepo, semillas de comino, zumaque, etc.

3
SEMILLAS Y FRUTOS SECOS

Esparce por encima algunos frutos secos o semillas tostados o en remojo, para añadir una textura y una calidad crujientes. A mí me gusta sofreírlos suavemente con un poco de jarabe de arce y algunas especias o tamari, para darles más sabor.

Almendras de comercio justo, coquitos de Brasil, pipas de calabaza, semillas de cáñamo, semillas de sésamo, etc.

2
FRUTAS Y VERDURAS DE TEMPORADA

Un plato de comida bonito es un festín para la vista. Piensa en el color y en la presentación e intenta llenar el plato con una amplia variedad de fruta y de verdura. Haz que parezca apetitoso cortando los productos en texturas variadas, desde dados pequeños hasta trozos grandes y toscos. Sirve una combinación de comida cruda y cocinada e intenta mantener los ingredientes separados en el plato para que los colores destaquen.

A continuación encontrarás cuatro ejemplos de lo que yo podría poner en el plato en cada estación.

Primavera: ajo de oso, espárragos al vapor, espinaca pochada, hojas de rabanito y rodajas de naranja sanguina .

Verano: acedera, albaricoques troceados, berenjenas a la plancha, habas crudas y pepino.

Otoño: calabaza encurtida, castañas asadas, hinojo caramelizado y remolacha y zanahoria rallada

Invierno: «arroz» de coliflor, chalotas, coles de Bruselas en juliana, hojas de endibia y nabos caramelizados con sus hojas.

1
GRANOS Y LEGUMBRES INTEGRALES

Llena el fondo del cuenco con una proteína nutritiva. Todos necesitamos una cantidad suficiente de proteínas diarias, pero no todas son iguales. Solo algunas son «proteínas completas» que incluyen los nueve aminoácidos que el organismo no puede producir por sí mismo. Con una dieta variada y rica en plantas es fácil llegar a consumir los nueve aminoácidos a lo largo del día. De todos modos, hay algunos ingredientes que te los proporcionarán todos de una sentada.

El trigo sarraceno (en grano o en forma de fideos), la quínoa, las pipas de calabaza y la soja verde son proteínas completas.

Por otro lado, si combinas cualquier cereal con una legumbre crearás un perfil de aminoácidos completo. Por ejemplo, arroz integral de grano corto con lentejas; espelta en grano con guisantes; cebada con garbanzos, etc.

Brócoli morado germinado con *orecchiette* de espelta

Para 2 personas

Preparo este plato cuando me apetece comer algo sencillo, sabroso y casero. La salsa de alcaparras es tan rica en umami que elimina la necesidad de incluir queso o anchoas en el plato, que así se vuelve más asequible y ejerce un impacto medioambiental menor.

Apenas requiere preparación si tienes pasta seca, pero si quieres evitar los envoltorios de plástico que suelen acompañarla, tendrás que elaborarla tú mismo. Aunque es un proceso laborioso, es muy sencillo y divertido, y nos ofrece la oportunidad de usar harinas distintas e interesantes para la masa.

200 g de brócoli morado germinado, o de otra verdura

1 chorro de aceite de oliva virgen extra

1 cda. colmada de alcaparras saladas, puestas en remojo en agua durante 10 minutos y luego escurridas, o en vinagre

1 diente de ajo pequeño, troceado grueso

200 g de *orecchiette* (o una pasta similar) integrales, o una tanda de pasta de espelta fresca (pág. 232)

la ralladura y el jugo de ½ limón sin encerar

chile seco en escamas, al gusto

Para servir

Migas de pan, al gusto (pág. 230)

Llena una cazuela grande con agua y una pizca de sal, y llévala a ebullición.

Corta en láminas finas los tallos más gruesos del brócoli germinado o de la verdura que hayas elegido, y deja enteros los tallos más tiernos y las hojas.

Calienta a fuego medio-bajo un chorro generoso de aceite de oliva virgen extra en una cazuela grande. Fríe las alcaparras hasta que se empiecen a poner crujientes, añade el ajo y sofríelo durante 1 minuto, sin que se dore. Resérvalos.

Si usas pasta seca, cuécela en el agua hirviendo durante 6 minutos y luego incorpora la verdura. Llévalas a ebullición de nuevo y cuécelas durante 3 minutos más. Si usas pasta fresca, primero hierve la verdura durante 1 minuto, luego añade la pasta fresca y cuécelas juntas durante 3 minutos más. Escúrrelas y pásalas inmediatamente a la cazuela con el ajo y las alcaparras.

Adereza con la ralladura y el jugo de limón, un poco de pimienta negra recién molida y, si es necesario, una pizca de sal, pero recuerda que las alcaparras ya son saladas de por sí. Sirve en platos de pasta y espolvorea por encima el chile seco en escamas y migas de pan al gusto.

Bhelpuri de remolacha y manzana

Para 4 personas como primer plato

El *bhelpuri* es un tentempié tradicional de Bombay, que se sirve en puestos callejeros y se elabora con arroz inflado, verduras, tamarindo y compota de cilantro. Es un tentempié divertido y llamativo, ideal para una cena o para una mesa compartida. Todos los ingredientes se mantienen en sus propios recipientes, esperando a que el *wallah* (o camarero) nominado prepare una o dos combinaciones de modo que puedan degustarse recién hechas, como en las calles de Bombay. Preparado así, este plato tiene una textura y un sabor únicos: es crujiente, picante, dulce y ácido a la vez. En otras palabras: es absolutamente delicioso.

En esta receta uso remolacha y manzana como alternativa de temporada a los tomates, pero adapta la receta y usa la fruta y verdura de temporada que tengas a tu alcance.

---

1 chorrito de aceite de oliva virgen extra, para freír

---

1 remolacha con las hojas, con la raíz cortada en daditos y las hojas en juliana

---

20 g de menta, con los tallos picados finos y las hojas picadas gruesas

---

35 g de cilantro fresco, con los tallos picados finos y las hojas picadas gruesas

---

1 chile verde, troceado grueso

---

1 diente de ajo, picado fino

---

2 cdtas. de semillas de comino, tostadas en una sartén sin aceite hasta que empiecen a despedir aroma

---

la ralladura y el jugo de ½ limón sin encerar

---

1 manzana de postre, en dados de 2 cm

---

6 dátiles, troceados gruesos

---

2 puñados de cereales inflados (p. ej., amaranto, mijo o arroz)

---

1 puñado de *sev* o de *chivda* (aperitivos indios)

---

1 cebolla roja, picada fina

---

4 cdtas. de *chaat masala* (pág. 67) o de *garam masala*

---

50 ml de pasta de tamarindo dulce

Calienta a fuego medio un chorrito de aceite en un cazo pequeño tapado. Añade los dados de remolacha y sofríelos durante 5 minutos, con el cazo tapado y removiéndolos de vez en cuando. Incorpora las hojas de remolacha en juliana y póchalas durante 1 minuto. Pásalo todo a un cuenco pequeño.

Para el chutney de cilantro, mezcla la mitad de las hierbas picadas con 2 cucharadas de agua, el chile verde, el ajo, el comino tostado y la ralladura y el jugo de limón. Pásalo todo a un cuenco.

Prepara el resto de ingredientes, repártelos por separado en cuencos y ponlos sobre la mesa, junto a la remolacha y el chutney.

Para servir, mezcla un poco de todo en un cuenco, en tandas de una o dos porciones, y ve repartiendo cuencos individuales o cucuruchos de papel de periódico.

Polenta con olivada, espárragos y cebolletas

Para 6 personas

Hasta que conocí a mi amiga Brigida, solo cocinaba con las típicas mazorcas de maíz amarillo que se acostumbran a ver en los supermercados. La familia de Brigida cultiva una sabrosa variedad tradicional llamada *otto file* («ocho hileras»). Afirma que es absolutamente perfecta para preparar polenta, a la que aporta un intenso color amarillo y un sabor complejo y saciante. Las variedades de maíz convencionales, con dieciséis hileras, se cultivan por cuestiones de productividad y porque son más dulces.

Durante los últimos cien años hemos perdido más del 90 por ciento de la diversidad de semillas y los agricultores de hoy en día dependen de una pequeña selección de semillas híbridas, editadas y modificadas genéticamente. Ahora, el 75 por ciento de la producción de alimentos de todo el mundo procede de solo doce especies de plantas. Y solo tres de ellas (el maíz, el trigo y el arroz) suponen el 60 por ciento de la ingesta de energía alimentaria de todo el mundo. Esta pérdida de diversidad ha dejado al sistema alimentario en una situación de vulnerabilidad. Había 307 variedades de maíz disponibles comercialmente, ahora solo quedan doce. Buscar, comer, cultivar y compartir distintas variedades de semillas es una de las maneras de proteger la biodiversidad. Compra polenta de *otto file*; es deliciosa y, además, estarás ayudando a mucho más que a tu paladar.

110 g de polenta de cocción lenta (o de cocción rápida*), preferiblemente de *otto file*

1 cdta. de sal marina

75 g de olivas de Kalamata, deshuesadas

aceite de oliva virgen extra

18 espárragos, con el extremo cortado

12 cebolletas, lavadas

Para preparar la polenta de cocción lenta, lleva a ebullición un litro de agua en una cazuela de fondo grueso. Baja a fuego lento, añade la sal y luego la polenta de forma constante, sin dejar de remover al mismo tiempo. Para evitar los grumos, sigue removiendo la polenta hasta que empiece a absorber el agua y se vuelva cremosa. Cuando alcance una consistencia semejante a la de unas gachas líquidas, cubre la cazuela con un paño de cocina húmedo (con mucho cuidado de que no toque el fuego) y pon encima la tapa. Cuece a fuego muy bajo durante 50-60 minutos o hasta que la polenta se desprenda de los lados de la cazuela. Si queda demasiado espesa, añade un poco más de agua hirviendo. Pásala a una tabla de madera para que se enfríe y se cuaje, y luego córtala en cuñas. *Si usas polenta de cocción rápida, sigue las instrucciones del envase.

Para la olivada, pica las aceitunas y májalas en un mortero hasta que obtengas una pasta densa. Si es necesario, añade un poco de aceite de oliva virgen extra, para que la consistencia sea la de una salsa espesa.

Para terminar el plato, pinta con aceite de oliva los espárragos y las cebolletas y colócalos sobre una plancha caliente junto a las cuñas de polenta durante unos minutos, hasta que se empiecen a chamuscar. Luego dales la vuelta para que se hagan por el otro lado. Sírvelo todo junto, aliñado con una cucharadita de olivada.

Ensalada de calabacín a la plancha, achicoria roja, olivas y alubias

Para 2 personas

Las alubias son un ingrediente ideal para esta ensalada fresca. Son cremosas, dulces, untuosas y saciantes, y encajan a la perfección con los sabores más amargos del calabacín y la achicoria.

Te recomiendo encarecidamente que uses judías, alubias y legumbres crudas o secas, no en conserva. Basar las comidas de la semana en ellas marcará una gran diferencia en términos de salud, ahorro y sostenibilidad; te ayudará a evitar envases, aditivos y costes innecesarios. Si las dejas en remojo durante una noche y luego las hierves a fuego bajo hasta que se ablanden, adquieren la cremosidad del queso y son saciantes, divertidas y sabrosas.

1 calabacín

aceite de oliva virgen extra, para pintar y rociar

12-16 hojas para ensalada amargas (p. ej., achicoria de Treviso, achicoria roja, endibia, hojas de mostaza)

100 g de olivas negras, deshuesadas

120 g de alubias blancas cocidas

1 ramita de albahaca, deshojada, con el tallo picado finamente, opcional

ralladura de limón sin encerar, al gusto

Calienta a fuego medio-alto una plancha de fondo grueso. Mientras, corta el calabacín en láminas longitudinales de unos 5-8 mm de grosor. Píntalas con un poco de aceite de oliva y sazónalas. Disponlas sobre la plancha caliente y cocínalas durante unos minutos (si es necesario, ajusta la intensidad del fuego para evitar que la plancha humee), hasta que se empiecen a chamuscar y aparezcan líneas o puntos negros. Dales la vuelta y hazlas por el otro lado. Retíralas de la plancha y resérvalas mientras se enfrían.

Dispón las láminas de calabacín y las hojas de ensalada en una fuente y reparte las olivas por encima. Añade las alubias, la albahaca y un poco de la ralladura de limón. Remata el plato con un chorro de aceite de oliva virgen extra.

Ceviche de verduras de verano

Para 4 personas como acompañamiento, primer plato o almuerzo ligero

El ceviche es una ensalada peruana que se prepara con verduras o pescado crudos y aliñados con una salsa picante y ácida llamada «leche de tigre» y que se suele preparar con jugo de lima y ají amarillo, que encontrarás en tiendas especializadas y en internet. Con el morado de las patatas, el amarillo de los tomates y el verde del cilantro, este plato es vibrante y multicolor, como el arcoíris. Las gírgolas actúan como esponjas y absorben la intensa leche de tigre, el aliño de esta refrescante ensalada que es perfecta para los calurosos días de verano.

En el Reino Unido, las gírgolas forman parte de una revolución de agricultura urbana que se ha ido desplegando durante los últimos veinte años y ha transformado espacios urbanos en huertos frondosos. Las setas cultivadas apenas necesitan recursos para prosperar. Crecen en espacios pequeños y oscuros, como contenedores de transporte, sobre compost y materiales reciclados, como los posos de café (de los que producimos 7 millones de toneladas anuales) y serrín, que luego pueden reciclarse en compost fértil. Si quieres, puedes comprar el equipo necesario para cultivar tus propias setas en casa.

50 g de patatas moradas, en dados de 1 cm

4 cdas. de cereal inflado (p. ej., amaranto, quinoa o arroz)

60 g de gírgolas, laminadas finas

100 g tomates cherry (amarillos, si los hay), en cuartos

ají amarillo seco o chile fresco, en daditos, al gusto

la ralladura y el jugo de 1 lima sin encerar o de ½ limón sin encerar

3 ramitas de cilantro fresco, deshojadas y con los tallos picados finos

Hierve los dados de patata en una cazuela con agua hirviendo durante 10 minutos. Escúrrelos y resérvalos mientras se templan.

Cuando se hayan enfriado, mezcla todos los ingredientes en un cuenco, sazona al gusto y reserva un puñado de cereales inflados y las hojas de cilantro para terminar el plato. Sirve el ceviche de inmediato o resérvalo y déjalo macerar durante 1 hora.

Sopa de tomate y pan

Para 2 personas como plato principal,
para 4 personas como primer plato

La *pappa al pomodoro* es una sopa toscana tradicional que aprovecha al máximo los tomates cuando están de temporada. Inspirada en la dedicación de la Toscana a los productos de temporada, esta receta exige tomates de proximidad maduros.

Los tomates importados viajan a grandes distancias, se cosechan cuando aún están verdes y luego se refrigeran en cámaras hasta que están maduros y listos para la venta. Además de ser un proceso colosalmente ineficiente, afecta al sabor. Los tomates que crecen al sol en una tierra fértil y son cosechados en el momento adecuado saben mucho mejor. Si quieres tomates más sabrosos, busca variedades tradicionales y elige los más maduros que encuentres. Son perfectos para preparar sopas o salsas y también deberían ser muy asequibles. Evita los tomates fuera de temporada aunque sean locales, porque su cultivo en invernadero exige una gran cantidad de aditivos externos y de energía.

60 ml de aceite de oliva extra, y un poco más para servir

1 diente de ajo, picado grueso

600 g de tomates locales muy maduros, en trozos grandes (si vienen en rama, guárdala)

80 g de corteza de pan duro, troceada

2 ramitas de albahaca, deshojadas y con los tallos picados finos

Calienta a fuego bajo-medio un chorro de aceite de oliva en una cazuela mediana de fondo grueso. Añade el ajo y sofríelo durante 1 minuto sin dejar que se dore e incorpora entonces los tomates troceados. Llévalos a ebullición y hierve a fuego lento durante 30 minutos o hasta que los tomates empiecen a espesarse. Agrega 70 ml de agua hirviendo y, si las tienes, las ramas del tomate. Vuelve a llevar a ebullición, retira las ramas y compóstalas.

Añade las cortezas de pan y remuévelas para que se empapen bien. Si la sopa queda demasiado espesa, incorpora más agua hirviendo. Justo antes de servirla, agrega el resto del aceite de oliva y los tallos y las hojas de albahaca y remuévelo todo bien. Comprueba el punto de sal y rectifícalo si es necesario; al servir, aliña cada plato con un poquito más de aceite de oliva.

Caponata de judías

Para 4 personas

La *caponata* es un maravilloso plato de final de verano y un estallido de sabor gracias a los tomates y a las berenjenas madurados al sol, cuya luz casi podemos saborear. Esta versión, a la que he añadido alubias, la transforma en una comida contundente y sustancial. Recién hecha está deliciosa, pero mejora con el tiempo y está divina servida fría sobre pan tostado. Prepara una cantidad abundante y consúmela a lo largo de la semana o congélala en porciones; se descongela bien.

Las alcaparras son un ingrediente esencial en la *caponata* y, para mí, son casi mágicas. Conocí la planta durante un viaje a Sicilia, donde crece donde le place: brota del suelo en los lugares más insospechados como una mala hierba, desde desiertos de arena hasta muros de piedra. Las alcaparras son los capullos de la flor y, si crecen, se convierten en grandes flores blancas con abundantes estambres rosas y amarillos. Los frutos, que vienen después, son los alcaparrones. Las alcaparras encurtidas son deliciosas y se pueden comer directamente sin más preparación. Busca las versiones con sal, cuyo sabor es más intenso que el de las que se conservan en vinagre.

1 chorro de aceite de oliva virgen extra

1 berenjena pequeña (de unos 150 g), en dados gruesos

2 troncos de apio, en láminas al bies de 5 cm de grosor

1 diente de ajo, picado grueso

300 g de tomates (idealmente muy maduros), troceados

240 g de judías variadas cocidas (pág. 155)

50 g de alcaparras en sal, puestas en remojo durante 10 minutos y luego escurridas, o en vinagre

4 ramitas de perejil grandes, deshojadas y con los tallos picados finos

1 cda. de vinagre balsámico de Módena, o de otro tipo

½ cda. de edulcorante (p. ej., azúcar sin refinar, jarabe de arce o jarabe de dátiles)

Calienta a fuego medio una sartén grande con un buen chorro de aceite de oliva. Añade los trozos de berenjena y apio por tandas, para que se frían por todos los lados y queden dorados y tiernos. Retíralos de la sartén y resérvalos en una fuente. Agrega el ajo y los tomates, llévalos a ebullición y déjalos hervir a fuego lento durante 10 minutos.

Para terminar, incorpora la berenjena, el apio, las judías, las alcaparras, el perejil, el vinagre y el edulcorante a la salsa y disfrútala caliente, templada o fría.

Chirashi con algas kelp y dulse

Para 2 personas

Si no tienes tiempo para preparar sushi pero te apetecen los sabores frescos y ácidos que lo caracterizan, el *chirashi* es una alternativa ideal: se prepara en cuencos, y permite que la fruta y la verdura brillen con toda su simplicidad. Usa esta receta como guía y adapta los ingredientes en sintonía con los productos de temporada en tu zona.

El océano es el mayor recurso de la Tierra y ocupa más del 70 por ciento del planeta. Está lleno de deliciosas plantas marinas muy valiosas, y sin embargo apenas aprovechadas, que no solo son extraordinariamente nutritivas, sino que también producen entre el 70-80 por ciento del oxígeno de la Tierra. Las algas son versátiles y funcionan muy bien como ingrediente en la mayoría de platos, ya sea como aderezo o como ingrediente principal. Prueba a sustituir las láminas de pasta en la lasaña por kelp blanqueada (de los restos del *kombu dashi* de la página 219) o úsala para aportar un toque de umami a platos como este. Encontrarás ingredientes como las algas, el arroz integral de grano corto y el tamari en tiendas de alimentación saludable o en internet.

200 de arroz integral de grano corto

2 cdas. de tamari, y un poco más para servir

5 cdtas. de vinagre de arroz

1 cda. de azúcar sin refinar o de otro edulcorante

½ cdta. de jengibre fresco rallado, con la piel

½ diente de ajo, rallado

½ cdta. de aceite de sésamo, opcional

1 cebolleta, cortada en rodajas entera, desde el penacho hasta las raíces

1 remolacha pequeña con las hojas, con la raíz laminada fina y las hojas, en juliana

1 pera pequeña, sin el corazón, en cuñas pequeñas

2 cdtas. de semillas de sésamo (blanco o negro)

2 ramitas de menta pequeñas, deshojadas y con los tallos picados finos

1 pizca de alga dulse y otra de alga kelp, en remojo en agua fría durante 10 minutos y luego escurridas

1 cda. de aceite de oliva virgen extra

80 g de setas (p. ej., enoki, ostra dorada o shiitake)

sal marina

Para servir, opcional

jengibre encurtido, wasabi

Lava el arroz en un cuenco y escúrrelo. Mételo en una cazuela mediana con 650 ml de agua fría. Caliéntalo a fuego alto, llévalo a ebullición, tapa la cazuela y baja el fuego al mínimo. Déjalo hervir a fuego muy lento durante 20 minutos o hasta que el agua se haya evaporado y el arroz esté al dente. Si el agua desaparece antes de que el arroz se haya hecho, añade un poco más. Una vez se haya cocido, pásalo a cucharadas a una fuente grande para que se enfríe.

Mezcla en un cuenco pequeño el tamari, el vinagre de arroz, el edulcorante, el jengibre, el ajo, una pizca generosa de sal y el aceite de sésamo, si has decidido usarlo. Añade con cuidado la mezcla a la fuente con el arroz y remuévela con una espátula o una cuchara de madera. Extiende el arroz para que se enfríe.

Reparte el arroz en dos cuencos y corónalos con la cebolleta, la remolacha, la pera, las semillas de sésamo, la menta y las algas, o con la combinación de ingredientes que prefieras.

Calienta el aceite a fuego alto (ajústalo para que no humee) en una sartén y sofríe la setas durante 1-2 minutos por cada lado. Aliña con un chorrito de tamari.

Pon las setas sobre el arroz y sirve los cuencos acompañados del jengibre encurtido y el wasabi, para que los comensales los añadan al gusto.

Fainá de quínoa con pesto, pencas de acelga y alubias

Para 2-4 personas

La fainá (también conocida como *farinata*) es una sabrosa y saciante receta italiana que se come como la pizza. Aunque normalmente se prepara con harina de garbanzo, en esta versión uso harina de quínoa, con la que obtenemos una base tan deliciosa como nutritiva.

La quínoa es un pseudocereal extraordinariamente nutritivo. Es una proteína completa, que contiene los nueve aminoácidos esenciales y una proporción equilibrada de proteínas, lípidos, minerales y vitaminas. Aunque su éxito inicial presionó a los agricultores para que intensificaran la producción y plantaran cosechas en monocultivo que causaron problemas como la degradación del suelo o la falta de disponibilidad del producto para la población local, ahora se incentiva la diversificación de los cultivos y se promueve el consumo local. La popularidad de la quínoa ha beneficiado a comunidades locales. Es una planta resistente y adaptable que puede crecer en muchas regiones, ya que soporta desde la sequía hasta las heladas. Cuando vayas a adquirir ingredientes que, como la quínoa, han causado problemas en el pasado, asegúrate de que apoyas a comunidades agrícolas sostenibles comprando productos certificados por Fairtrade u otras organizaciones de comercio justo.

En Italia, las pencas de acelga son una exquisitez, mientras que en otros lugares, como el Reino Unido, se prefieren las hojas. Ambas partes de la planta son maravillosas, pero en esta receta he elegido las pencas de la acelga arcoíris, que parecen piedras preciosas, para añadir color, nutrientes y textura.

140 g de harina de quínoa Fairtrade o de comercio justo (cómprala en internet o muele quínoa entera y obtén tu propia harina) o de harina de garbanzo

2 cdas. de aceite de oliva virgen extra

½ cdta. de cúrcuma

1 ramita de romero, deshojada y troceada

100 g de pesto (pág. 215)

100 g de alubias cocidas

50 g de pencas de acelga arcoíris, en láminas y blanqueadas en agua hirviendo durante 2 minutos (guarda las hojas para otro plato o úsalas para el pesto)

flores comestibles (como la borraja o la caléndula), opcionales

Bate la harina y 140 ml de agua en un cuenco hasta que obtengas una masa lisa. Si es necesario, añade con cuidado un poco más de agua o de harina, hasta que obtengas la consistencia del yogur. Agrega la mitad del aceite de oliva, la cúrcuma y las hojas de romero troceadas, remuévelo todo, tápalo y déjalo reposar durante 1 hora, si puedes.

Precalienta el horno a 190 °C.

Vierte el resto del aceite de oliva en una fuente para horno pequeña o en una sartén apta para horno de aproximadamente 23 cm de diámetro. Vierte la masa en la fuente o la sartén y remuévela un poco para que absorba el aceite de la fuente. Hornéala durante 15-20 minutos, o hasta que cuaje. Salpimiéntala.

Sirve la fainá aderezada con el pesto, las alubias y las pencas blanqueadas. Adorna el plato con las flores comestibles, si quieres.

Macarrones y tapioca (falsa salsa de queso)

Para 4-6 personas

La harina de tapioca es una sustancia muy rica en nutrientes que se obtiene de la raíz de la yuca y que tiene la capacidad de producir una salsa maravillosamente elástica y semejante al queso. Si la combinas con coliflor, levadura alimentaria y cúrcuma, obtendrás un impostor delicioso que pasa tranquilamente por queso y por tan solo una pequeña parte de su precio. Para obtener una elasticidad máxima, sírvela caliente y directamente del horno. Este plato es sabrosísimo y es uno de los preferidos en nuestra casa.

La levadura nutricional es apreciada por su sabor a queso y su valor nutritivo. Es una buena fuente de vitaminas B, de ácido fólico y de zinc y, con frecuencia, se vende enriquecida con vitamina B_{12}, que resulta esencial para la salud humana y que normalmente obtenemos de los productos lácteos y de la carne. Es la única vitamina que se ha de tomar en forma de suplemento cuando se sigue una dieta basada en plantas.

Para la falsa salsa de queso

1 litro de leche de avena (pág. 224)

300 g de coliflor, troceada gruesa, reserva las hojas

1 cebolla, picada fina

4 dientes de ajo, pelados

80 ml de aceite de oliva virgen extra

150 g de tapioca o de harina de yuca

1 cda. de mostaza de Dijon

1 cda. de levadura nutricional

2 cdtas. de vinagre de manzana

¼ de cdta. de cúrcuma molida

⅛ de cdta. de nuez moscada molida

1 cda. de miso blanco (pág. 223), opcional

¼ de cdta. de chiles de Cachemira en polvo o pimienta de Cayena, opcional

Para los macarrones

400 g de macarrones secos o 4 porciones de *pici* (pág. 232)

4 cebolletas, troceadas gruesas, desde el penacho hasta las raíces

100 g de chucrut

40 g de migas de pan (pág. 230)

levadura nutricional, para espolvorear

Para servir, opcional

kétchup de chipotle, jalapeños troceados, chucrut, cilantro fresco

Para preparar la salsa, vierte la leche en una cazuela grande y de fondo grueso. Añade la coliflor, la cebolla y el ajo y llévalos a ebullición. Déjalos hervir a fuego muy bajo durante 10 minutos. Aparta del fuego la cazuela para que se enfríe un poco y bate su contenido con una batidora de mano. Añade el aceite de oliva, la harina de tapioca, la mostaza, la levadura nutricional, el vinagre, la cúrcuma, la nuez moscada, el miso y el chile o la pimienta de Cayena y vuelve a batirlo todo para conseguir una salsa de textura suave. Devuelve la cazuela al fuego, que debe de estar bajo, y deja hervir lentamente durante 5 minutos, sin dejar de remover el contenido para evitar que se formen grumos. A medida que la salsa se vaya haciendo, se espesará y adquirirá la elasticidad del queso fundido. Salpimiéntala al gusto.

Precalienta el horno a 220 °C.

Para los macarrones, cuece los macarrones (o los *pici*) en abundante agua con sal hirviendo hasta que estén al dente. Escúrrelos bien y mézclalos con la salsa. Luego añade la cebolleta y el chucrut y remuévelo bien todo. Pasa la mezcla a una fuente de horno de unos 20 × 30 cm. Espolvorea por encima las migas de pan y un poco de levadura nutricional y hornea la fuente durante 20 minutos o hasta que se gratine y se dore.

Para preparar las hojas de coliflor, lleva a ebullición una cazuela grande con agua y sal. Lamina transversalmente los tallos más gruesos y deja enteras las hojitas pequeñas. Métalo todo en el agua y hiérvelo durante 5 minutos. Escurre la coliflor y sírvela salpimentada y aliñada con un poco de aceite de oliva virgen extra.

Presenta el plato con el kétchup de chipotle, jalapeños, chucrut y cilantro fresco, si has decidido usarlos.

Dal fry con hojas de remolacha

Para 2 personas

En las calles de Paharganj, en Nueva Delhi (India), sirven algunos de los platos más deliciosos que he comido jamás. Me encanta recorrerlas a pie mientras degusto maravillas de puesto en puesto, como el refrescante *lassi*, *puris* fritos, samosas y el dulce *yalebi*. Sin embargo, mi plato preferido es, quizá, el más frugal, el *dal fry*, un *dal* de lentejas tradicional coronado con especias, chiles y verduras recién fritas. Al igual que todas mis recetas, adapta esta a las especias e ingredientes de los que dispongas.

200 g de lentejas amarillas, enjuagadas y puestas en remojo en agua fría durante 20 minutos

2 chorros de aceite de oliva virgen extra

1 cebolla, picada fina

2 cm de raíz de jengibre fresco, rallada

2 dientes de ajo, picados gruesos

1 cdta. de cúrcuma molida

6 ramitas de cilantro fresco, deshojadas y con los tallos picados finos

4 hojas de remolacha (o de acelga), troceadas gruesas

1 cda. de hojas de fenogreco, opcional

1 chile verde, en láminas

2 cdtas. de semillas de mostaza

2 cdtas. de semillas de comino

6 hojas de curri, opcionales

2 tomates verdes o rojos, en rodajas, opcionales

Pasa las lentejas en remojo a un colador y enjuágalas bajo el grifo con agua fría. Ponlas en una cazuela de fondo grueso con tapa, cúbrelas con 1 litro de agua y llévalas a ebullición. Baja el fuego para que hiervan a fuego lento durante 45 minutos o hasta que estén tan blandas como un puré. Añade más agua si es necesario.

Mientras, calienta un chorro generoso de aceite a fuego medio en un cazo pequeño de fondo grueso. Añade la cebolla y sofríela durante 5 minutos, sin dejar que se dore, y luego incorpora el jengibre, el ajo y la cúrcuma y sofríelos durante 2 minutos más. Agrega los tallos de cilantro (reserva las hojas para adornar), las hojas de remolacha (o las acelgas) y las de fenogreco, si has decidido usarlas, y remuévelo todo bien. Con una cuchara, incorpora los contenidos de la cazuela a las lentejas cocidas, sin dejar de remover para que se mezcle todo bien, y luego salpimienta al gusto.

Justo antes de servir, calienta un chorro de aceite a fuego medio en una sartén. Añade el chile verde, las semillas de mostaza y de comino y las hojas de curri, si has decidido usarlas, y sofríelo todo durante 2 minutos.

Sirve el *dal* en cuencos y aderézalo con una cucharada de los ingredientes fritos y las hojas de cilantro fresco.

Risotto rotacional: comer toda la granja

Para 4 personas como plato principal, para 8 personas como primer plato

En su libro *The Third Plate*, el pionero, chef y escritor culinario Dan Barber describe la importancia de apoyar a los agricultores cocinando todos los productos que ofrecen las granjas. Y nos enseña a hacerlo con un delicioso plato al que llama *risotto* rotacional, que contiene una colección de cereales y legumbres beneficiosos para el suelo, todos ellos procedentes de un productor local.

A medida que crecen, las plantas absorben los nutrientes de la tierra, por lo que hay que reponerlos si queremos que el terreno siga siendo fértil. Hay que usar fertilizantes y compost y emplear la rotación anual de cultivos muy rentables, de otros menos rentables y de «abono verde» (plantas que se cultivan como cobertura y para reponer los nutrientes del suelo). Por ejemplo, la espelta y el trigo se suelen cultivar en rotación con el centeno y el trébol.

La alimentación de la raíz al fruto adopta esta misma perspectiva holística respecto a la agricultura. Además de plantear la idea del consumo integral, indica que también deberíamos comer la diversidad de alimentos que ofrecen las granjas. Inspirada en el *risotto* rotacional de Dan Barber, esta versión utiliza cereales y legumbres británicos. Sin embargo, se puede adaptar muy fácilmente a los cereales y legumbres que se cultiven en tu área.

---

1 chorro de aceite de oliva virgen extra

50 g de apio nabo

1 seta grande y plana, en daditos pequeños

1 tupinambo, lavado y en rodajas finas

50 g de hojas de puerro verdes, lavadas y laminadas finas

1 diente de ajo, en daditos

130 g de cebada integral

20 g de boletus secos, en remojo en 1 litro de agua hirviendo, opcionales

260 g de copos de centeno, espelta o avena

1 puñado de trébol germinado (pág. 154) o de otras hierbas u hojas delicadas

hojas de apio nabo o de apio, para servir, opcionales

25 g de espelta o trigo inflados, opcionales

Calienta un chorro generoso de aceite a fuego bajo-medio en una cazuela de fondo grueso. Añade el apio nabo, la seta, el tupinambo, las hojas de puerro y el ajo, y sofríelo todo con suavidad durante 5 minutos, sin dejar que los ingredientes se tuesten.

Incorpora la cebada, los boletus y el agua del remojo (o 1 litro de agua hirviendo). Llévalos a ebullición y déjalos hervir a fuego lento durante 30-45 minutos, o hasta que la cebada se empiece a ablandar.

Agrega los copos de centeno, espelta o avena y mantén la cazuela a fuego bajo, removiéndola con regularidad, durante 10 minutos o hasta que el *risotto* empiece a espesarse. Añade un poquito más de agua hirviendo, si es necesario, para que no quede demasiado espeso. Salpiméntalo.

Sirve el *risotto* en platos de pasta anchos, con el trébol germinado, las hojas y el cereal inflado por encima.

Sopa de ortigas y de diente de león

Para 4 personas

Los alimentos silvestres son una fuente de alimentación nutritiva y que no aprovechamos, a pesar de que añaden una gran diversidad a nuestras dietas sin otro coste adicional que el de salir a dar un paseo. Las ortigas y los dientes de león son dos ingredientes fáciles de identificar, pero a los que se suele descartar como malas hierbas. Son abundantes, increíblemente deliciosos y ricos en hierro. La sopa de ortigas era una de mis recetas preferidas cuando trabajaba en el River Cottage. Allí aprendimos a cosechar las partes superiores y las hojas nuevas de las ortigas para preparar con ellas la sopa más deliciosa que puedas imaginarte. Cosecha las hojas a finales de invierno o a principios de primavera, lleva guantes para evitar pinchazos y lava a conciencia con agua y sal todos los alimentos silvestres que recojas. Mientras preparas la sopa, si quieres los beneficios de un buen caldo sin necesidad de preparar uno, añade a la base una pequeña cantidad de verduras típicas de caldo como zanahorias, apio y tallos de perejil. Ahorrarás tiempo y comida.

1 chorro de aceite de oliva virgen extra

2 cebollas (unos 320 g), en rodajas

160 g de hojas verdes de puerro (aproximadamente 1 puerro), lavadas y en tiras

1 zanahoria pequeña, rallada

3 dientes de ajo, peladas

500 g de patatas, en dados

1 litro de caldo de alga kelp (pág. 219) o de agua

3 tallos de perejil, opcionales

100 g de ortigas

30 g de hojas de diente de león

Para servir, opcional

yogur (pág. 224), chips de ortigas y hojas de diente de león (pág. 215), aceite de oliva virgen extra

Calienta un chorro generoso de aceite de oliva a fuego medio en una cazuela grande de fondo grueso. Añade las cebollas, las hojas de puerro y la zanahoria y sofríelas a fuego bajo durante 10 minutos o hasta que las verduras se ablanden, pero sin que se lleguen a dorar. Incorpora el ajo, sofríelo durante unos minutos y agrega las patatas y el caldo de alga kelp o el agua. Lleva la cazuela a ebullición, baja el fuego para que siga hirviendo a fuego lento y tápala. Deja hervir a fuego lento durante 20 minutos o hasta que las patatas se ablanden.

Añade las ortigas, las hojas de diente de león y los tallos de perejil en el último momento, y luego remuévelo todo y tritúralo de inmediato, ya sea con una batidora de mano o en tandas en un robot de cocina, hasta que te quede un puré muy fino. Condimenta la sopa al gusto con sal y pimienta negra recién molida. Sírvela así o con una cucharada de yogur y los chips de ortiga y hojas de diente de león.

Risotto de cebada con kale, limón y pan rallado

Para 4-6 personas

La cebada es una alternativa deliciosa, si bien infravalorada, al arroz. Es fácil de cultivar y tiene un sistema de raíces profundas y fuertes que ayudan a prevenir la erosión del suelo. También es un cereal barato y nutritivo. Úsala para añadir consistencia a los caldos, como base de una ensalada de cereales o *risottos* de cebada, a los que en Italia llaman *orzotto*.

Al igual que muchos otros alimentos, el vino se ha convertido en un producto más y su calidad ha bajado al tiempo que su impacto sobre el medioambiente no hace más que aumentar. Elígelo de la misma manera que escoges la buena comida: compra menos, pero mejor, y a productores que se preocupen por el medioambiente. El movimiento del vino ecológico ha logrado que sea más fácil encontrar vinos procedentes de cultivos mejores, biodinámicos y con certificación orgánica.

1 chorro de aceite de oliva virgen extra

80 g de hojas de puerro verdes, lavadas y cortadas en rodajas finas

80 g de cebolla, en rodajas finas

1 diente de ajo, majado

200 g de cebada integral

la ralladura y el jugo de ½ limón sin encerar

2 cm de alga kelp, opcional

200 ml de vino blanco

200 g de kale

migas de pan (pág. 230), para servir

Calienta el aceite a fuego medio-bajo en una cazuela grande de fondo grueso y sofríe las hojas de puerro, la cebolla y el ajo sin que se doren. Añade la cebada, la mitad de la ralladura de limón y el alga kelp, si has decidido usarla, y sofríelo todo durante 1 minuto, sin dejar de removerlo. Agrega el vino y lleva la cazuela a ebullición. Incorpora suficiente agua hirviendo para cubrir la cebada y vuelve a llevarla a ebullición. Baja la potencia para que hierva a fuego lento y remuévelo con regularidad, hasta que se absorba todo el líquido. Añade más agua hirviendo y prolonga la cocción, removiéndolo con regularidad, hasta que la cebada esté al dente (unos 45 minutos). Aparta la cebada del fuego y déjala reposar.

Lleva a ebullición un cazo con agua. Corta la kale en juliana, los tallos incluidos, y métela en el agua hirviendo durante 2 minutos antes de escurrirla. Reserva el agua de cocción. Tritura la kale hasta que obtengas un puré y agrega un poco del agua de cocción si es necesario. (Congela el agua de cocción que te sobre y úsala como caldo en otra ocasión.) Incorpora el puré verde a la cebada y añade sal, pimienta y jugo de limón al gusto. Sirve la cebada en cuencos y remátalos con el resto de la ralladura de limón y las migas de pan.

Hamburguesa de pulpa vegetal

Para 2 hamburguesas

La alimentación de la raíz al fruto es una manera holística de entender la comida y tiene en cuenta todos los aspectos de su producción y el impacto que ejerce sobre el planeta y sobre nuestra salud. Comer de esta manera significa basar la mayor parte de nuestras comidas en alimentos locales de temporada y consumirlos enteros, incluidas las partes que normalmente desechamos, como la piel, las hojas de los tubérculos y otros productos que acostumbramos a descartar. Siempre que es posible, mis recetas incluyen el ingrediente entero, pero hay veces en que los restos variados que suelen acabar en la basura se convierten en un ingrediente valioso por sí mismo. Por ejemplo, la cáscara de los limones exprimidos, que es el ingrediente clave de una mermelada increíble (pág. 210), o la «aquafaba», el líquido de cocción de las legumbres, que es un sustituto del huevo con un coste prácticamente inexistente y con el que se puede elaborar una mayonesa perfecta (pág. 215), hojaldres y merengues (pág. 194).

Esta receta requiere la pulpa que nos sobra cuando exprimimos fruta o verdura (una fibra vegetal que es un macronutriente vital y cuyo descarte es un derroche colosal). Resulta que la pulpa vegetal es perfecta para preparar hamburguesas veganas, sobre todo si contiene gran cantidad de la deliciosa y roja remolacha. Si piensas en hacer un jugo, piensa en hacer una hamburguesa. ¡Es un dos por uno delicioso!

100 g de pulpa vegetal (aproximadamente la que queda de 2 zumos, preferiblemente con remolacha) o de champiñones picados finos y sofritos

100 g de tempeh orgánico rallado o de champiñones picados finos y sofritos

1 cda. de vinagre (de manzana o de otro tipo)

1 cdta. de pimentón ahumado

½ cebolla roja grande, rallada

1 diente de ajo, rallado

1 cda. de miso de garbanzos o de arroz integral (pág. 223)

1 cdta. de harina de alforfón o de gluten de trigo

50 g de nueces, picadas finas

aceite, para freír

Para servir

un bollo y una hoja de lechuga por hamburguesa, tomates, cebolla, encurtidos, kétchup, mayonesa de aquafaba (pág. 215)

Precalienta el horno a 220 °C.

Mezcla todos ingredientes en un cuenco y condiméntalos con pimienta. No añadas sal, porque el miso en sí ya es salado.

Forma dos hamburguesas y disponlas sobre dos discos de papel de horno sin blanquear. Si tienes tiempo, mételas en el frigorífico durante al menos media hora (o a lo largo de toda la noche, si puedes prepararlas con antelación).

Calienta a fuego medio-bajo una sartén apta para horno con un poco de aceite. Pon las hamburguesas (aún con el papel de horno) en la sartén y fríelas así durante unos 5 minutos o hasta que las bases se empiecen a tostar. Resiste la tentación de mover las hamburguesas hasta que la parte inferior empiece a formar una costra. Entonces dales la vuelta cuidadosamente con una rasera. Mete la sartén en el horno entre 5-10 minutos mientras preparas los acompañamientos.

Sirve las hamburguesas como prefieras, con el bollo o sobre la hoja de lechuga y acompañadas de encurtidos y tus salsas preferidas.

Musabbaha con aceite de cáñamo y pimienta de Alepo

Para 4-5 personas

La *musabbaha* es el hummus original y, lo creas o no, es aún más deliciosa. Normalmente se elabora con garbanzos enteros, que se cuecen hasta que adquieren una textura sedosa y luego se mezclan con tahini y otras especias. En esta receta uso una mezcla de varias legumbres para celebrar la rica variedad de estas que está disponible de manera local. La *musabbaha* es perfecta como plato principal de cualquier comida, porque es sabrosa, saciante y apetecible. Sírvela con mucho pan, tostaditas o *crudités*.

Los garbanzos, como las judías, las lentejas o los guisantes, son también legumbres. Estas son un componente vital de la cocina respetuosa con el clima, porque apenas necesitan pesticidas (incluso cuando proceden de cultivos comerciales), necesitan poca agua y ayudan a fijar el nitrógeno en el suelo, lo que mejora la fertilidad del mismo. En la página 20 encontrarás más información sobre este ingrediente tan energético.

200 g de legumbres secas variadas (p. ej., guandúes, garbanzos, habas…) en remojo en agua abundante durante un mínimo de 8 horas

½ cebolla grande, en cuartos

2 dientes de ajo, pelados

1 hoja de laurel

la ralladura y el jugo de ¼ de limón sin encerar

125 g de tahini oscura

un chorrito de aceite de cáñamo o de oliva virgen extra

Para servir, opcional

semillas de comino tostadas, pimienta de Alepo, salsa tahini (pág. 118), pan, crudités

Escurre las legumbres en remojo y enjuágalas con agua fría bajo el grifo. Pásalas a una cazuela con tapa y añade la cebolla, el ajo, la hoja de laurel y 1 litro de agua. Lleva a ebullición la cazuela, tápala y déjala hervir a fuego lento durante 1 ½ horas, o hasta que las legumbres estén muy blandas. Retira con una rasera la espuma que se vaya formando en la superficie y agrega más agua si es necesario.

Mientras dejas el resto al fuego, tritura la mitad de las legumbres con la ralladura y el jugo de limón y el tahini hasta que adquiera la consistencia de un hummus suave. Incorpora un poco de líquido de cocción si lo necesitas.

Añade a las legumbres que has dejado al fuego 5 cucharadas del hummus triturado. Hierve la mezcla a fuego lento durante unos minutos, hasta que se espese pero sin perder la consistencia ligera.

Para servir, pasa el hummus a una fuente y haz un pozo en el centro. Pon las legumbres enteras allí y alíñalas con aceite de cáñamo o de oliva. Espolvorea las semillas de comino tostadas, la pimienta de Alepo y la salsa tahini y sirve el plato con pan y *crudités*, si quieres.

COMIDAS FAMILIARES
Y FESTIVAS

Diseña un festín

Mi carrera profesional empezó en 1997, cocinando con mis mentores, que además eran mis mejores amigos, Ben Hodges y Connie Burchill, en la primera (y probablemente única) cafetería de festival y empresa de catering para bodas con certificación orgánica. Molíamos la pimienta negra en un mortero y cortábamos a mano la salsa verde para dos mil personas sin pestañear durante un fin de semana festivalero. Picábamos sacos enteros de cebollas, hacíamos tortillas de patatas y preparábamos ensaladas. Al día siguiente, preparábamos un banquete para los doscientos invitados de una boda en una mansión. Cocináramos para quien cocináramos, lo hacíamos todo desde cero y usábamos los mejores ingredientes orgánicos de temporada de los mejores productores locales.

En 2004 fundé Tom's Feast, una empresa de catering para bodas y eventos que sigue funcionando en la actualidad y que ofrece banquetes de aprovechamiento total en los que no se desperdicia nada en lugares de lo más diversos, desde el campo hasta Borough Market, en el centro de Londres. Los platos están diseñados para celebrar las comidas en grupo. Por ejemplo, el brócoli germinado y clementinas a la brasa (pág. 162) se sirve en unas grandes fuentes para compartir, junto a platos principales como el *borani* de hojas de remolacha con remolacha asada y moras (pág. 179), que congrega a los asistentes alrededor de la mesa.

Sigue estos pasos para preparar tu propio banquete:

1 Elige los mejores ingredientes

Al igual que con cualquier otra buena comida, un festín fabuloso empieza con ingredientes fantásticos. Empieza buscando en tu despensa. ¿Hay algún ingrediente que te inspire o que necesites usar pronto? Luego mira la lista de la compra de la raíz al fruto de las páginas 18-21 y la tabla de productos de temporada de las páginas 38-39. Visita o llama a tu tienda de comestibles local y pregunta cuáles son los mejores productos de temporada en este momento del año.

Elige los ingredientes que más te llamen la atención entre los que estén disponibles cerca de ti y escribe una lista. Si comes carne, escoge la opción perfecta siguiendo la guía de la página 35.

2 Prepara el menú

Dale la vuelta a los menús habituales y empieza por elegir un plato basado en plantas alrededor del cual plantear la comida. Escoge una verdura de la lista y úsala en tu receta preferida o comprueba si aparece en cualquiera de las recetas del libro. En este capítulo encontrarás varias recetas fantásticas para cenas festivas, como la coliflor especiada con *merguez*, el *labneh* asado con melocotones caramelizados o las arepas de maíz con gírgolas deshilachadas. Una vez hayas decidido el plato principal, elige alguna de mis ensaladas para acompañar, tanto crudas como cocinadas, un primer plato y un postre. Omnívoros, si os apetece carne, añadid un plato. Normalmente, sirvo los otros platos a temperatura ambiente, por lo que se pueden preparar y emplatar con antelación. Esto mejora la calidad global de la comida, porque no hay que correr para hacer demasiadas cosas a la vez o el mismo día.

3 Aperitivos sencillos

Prepara algunas cosas ligeras y sencillas para que los invitados vayan picando a medida que llegan. Cualquiera de las salsas para untar del libro es un tentempié fantástico o también puedes aprovechar sobras y servirlas en tostadas (pág. 80).

4 Mise en place: prepárate

Una vez tengas el menú, escribe la lista de la compra con los artículos agrupados en las distintas tiendas donde los vayas a adquirir. Hazte con todo ello con unos días de antelación y redacta una lista de las tareas de preparación que necesitas llevar a cabo para hacer la comida. A mí me gusta adelantar tanto trabajo como me sea posible, por lo que si puedes preparar algo la noche anterior, merece la pena que lo hagas y así te lo quitas de encima. Pon la mesa, cocina los ingredientes y los elementos que no se estropeen tras la cocción y ve disponiéndolo todo. Nunca se está demasiado preparado u organizado en exceso.

5 Servicio

Merece la pena que ya lo tengas todo listo cuando lleguen los invitados para que así puedas recibirlos y disfrutar de su compañía sin tener que centrarte demasiado en cocinar. Ten preparados y ya dispuestos en fuentes los aperitivos y la comida que se puedan tomar a temperatura ambiente. Y ten el plato principal listo, solo a falta de cocinar y con el temporizador programado. Para crear una atmósfera festiva, saca toda la comida a la vez (incluso los primeros, si quieres). Una mesa con muchos elementos es esencial para crear un ambiente jovial.

LO SIMPLE SIEMPRE FUNCIONA

El mejor consejo que he recibido en relación con el catering fue que mantuviera las cosas tan sencillas como me fuese posible. Asombra a tus invitados con la calidad de los ingredientes y con la ejecución segura de una comida sencilla, en lugar de complicarte la vida con recetas complejas.

APROVECHA AL MÁXIMO

Prepárate para que sobre comida. Pide a los invitados que traigan recipientes para llevarse sobras a su casa o, al menos, asegúrate de tener tú los suficientes.

Las verduras en el centro de la mesa

El centro de la mesa ha dejado de ser exclusivo de la carne. Los mejores restaurantes exploran los productos de temporada, la biodiversidad y muchas de las maravillosas plantas silvestres, y la industria ha emprendido el mismo camino y ha empezado a crear productos basados en plantas para que todo el mundo pueda disfrutarlas. En las cocinas domésticas, las cosas también están cambiando y cada vez se consumen más alimentos de origen vegetal. Algunos lo hacen por respeto a los animales y otros por cuestiones de salud, de simplicidad o de economía.

Las plantas son infinitamente versátiles, abundantes y asequibles. Pueden mezclarse en un sinfín de combinaciones y prepararse igual que la carne: a la plancha, marinadas, ahumadas o a la barbacoa. O, sencillamente, se pueden hacer al vapor o salteadas y servirlas con un chorro de aceite de oliva virgen extra y sal marina. Basta con eso para convertirlas en un plato exquisito.

Aunque me encanta la sencillez a la hora de comer, si voy a cocinar para invitados o para un ser querido, me gusta tener un principal con el que llenar el plato o la mesa. Algo contundente, como los macarrones y tapioca (falsa salsa de queso) de la página 100, el colinabo que se hace pasar por jamón (pág. 132), un plato que vuelve memorable a cualquier asado, o el *maftoul* con siete tubérculos, uvas pasas y zumaque (pág. 142), perfecto para compartir.

Cuando conviertes a las verduras en la estrella de la mesa, es vital que la presentación sea impactante. Si tienes tiempo, puedes preparar una tarta, una terrina o un asado de verduras, o si algún ingrediente ya es bello o destacable por sí solo, puedes dejarlo entero y cortarlo en la mesa. Como me encanta el aspecto bulboso y nudoso del apio nabo, acostumbro a asarlo entero y luego lo corto en láminas, como si fueran filetes. El Khao Yum es una maravillosa ensalada multicolor tailandesa que encontrarás en la página 159. Está hecha con muchas verduras exóticas y de distintos colores, todas ellas cortadas con formas que las realzan y servidas alrededor de arroz azul, teñido con conchitas de este color o con col roja. Es una demostración maravillosa de lo bonitas que son las verduras.

Al principio de cada capítulo encontrarás recetas, ideas para menús «Para todo el año» e información sobre cómo inventar y preparar desde cero tus propios platos y comidas basados en verduras.

Salsas para untar y aliños

Las fondues, los purés, las salsas y otras delicias semejantes son aliños y condimentos para untar sabrosísimos. Al igual que los batidos, las sopas y los guisos, son una buena manera de usar los restos que quedan en el frigorífico al final de la semana. Hay tres tipos de salsas para untar: salsas, purés y cremas. A continuación encontrarás una lista de recetas que pueden adaptarse para convertirlas en salsa para untar o en aliño, además de información adicional sobre cómo puedes hacer tus propias elaboraciones con los ingredientes de los que dispongas. Si quieres preparar una salsa para untar o un aliño, solo tienes que aumentar o reducir la cantidad de líquido durante la elaboración.

Salsas

Cualquier cosa troceada y aliñada con suficiente aceite y un cítrico o vinagre puede convertirse en una salsa. Cuando me encuentro en el frigorífico algún manojo de hierbas medio pochas, muchas veces las pico finas enteras, con los tallos incluidos, y las conservo en aceite. El secreto de una buena salsa es cortar todos los ingredientes con cuchillo, porque la textura es mucho mejor. Si insistes en usar la picadora, al menos invierte el tiempo suficiente en picar finos los tallos y en trocear las hojas antes. De lo contrario, obtendrás una textura demasiado fibrosa. Puedes preparar salsas con cualquier verdura, cruda, cocinada, picada fina o triturada.

Salsa verde (pág. 215)

Chimichurri (pág. 126)

Revuelto ranchero (pág. 62)

Olivada (pág. 88)

Caponata (pág. 95)

Salsa barbacoa (pág. 145)

Borani de hojas de remolacha (pág. 179)

Purés

Triturar legumbres y verduras para convertirlas en salsas untuosas es muy fácil y casi cualquier combinación será deliciosa, siempre que hayas retirado o cocinado bien las partes más fibrosas y el puré quede fino. Complementa el ingrediente clave con especias o algunas hierbas y añade aceite de oliva virgen extra, jugo de limón o vinagre y un poco de agua o de caldo para lograr la consistencia adecuada.

Puré de habas (usando la base de la sopa de la pág. 61)

Guacamole de habas (pág. 64)

Salsa de apio nabo y patatas (usa el puré de apio nabo de la pág. 138 y añade ajo triturado al gusto)

Crema de judías blancas (pág. 61)

Puré de calabaza (pág. 141)

Salsas para mojar cremosas

La salsa tahini, el yogur y el *labneh* necesitan muy poco para transformarse en deliciosas salsas para mojar. Solo tienes que añadir un poco de sal marina, un chorrito de aceite y una pizca de ralladura de limón. Si quieres aderezarlas aún más, espolvorea algunas especias por encima, como comino, zumaque o zataar.

Mayonesa de aquafaba (pág. 215)

Alioli (pág. 182)

Labneh (pág. 224)

Tahini (pág. 118)

Falsa salsa de queso (pág. 100)

¿Qué puedes mojar?

Tostaditas, galletas saladas, *crudités* o chips de verduras son lo habitual. Tuesta rebanadas de pan duro y alíñalas con aceite de oliva virgen extra; hornea recortes de pasta de hojaldre y espolvoréalos con sal y especias enteras para preparar apetitosas galletitas saladas; o fríe triángulos de tortillas o de pan sin levadura para preparar tus propios nachos.

De todos modos, las *crudités* son mi comida para mojar preferida, a pesar de que no se acostumbran a servir en todo su potencial. Si te ciñes a las verduras de temporada, la variedad será más interesante. Sírvelas cortadas longitudinalmente e incluye verduras y partes de inesperadas, como pencas de acelga, guisantes en vaina o láminas crudas de tupinambo, nabo o calabaza.

Coliflor especiada con *merguez*, tahini y melaza

Para 4-6 personas

Esta es una manera muy elaborada de servir la majestuosa coliflor. Se asa la planta entera e intacta (con las hojas, el corazón y la flor), se condimenta con una aromática combinación de especias marroquíes y luego se aliña con una deliciosa capa de la untuosa salsa tahini y melazas dulces. Elige una coliflor con muchas hojas, porque cuando se asan en el horno quedan crujientes, sabrosas y ricas en umami. Sirve el plato acompañado de una variedad de hojas de ensalada frescas.

1 coliflor, con las hojas

1 chorro de aceite de oliva virgen extra

1 cdta. de comino molido

1 cdta. de cilantro molido

½ cdta. de alcaravea molida, opcional

½ cdta. de pimienta negra recién molida

½ cdta. de pimienta de Cayena, opcional

2 cdtas. de sal marina

la piel de ½ limón sin encerar, laminada fina

un chorro de melaza negra o de dátil

1 cdta. de semillas de sésamo blancas o negras, tostadas en una sartén sin aceite

Para la salsa tahini

60 g de tahini oscura

la ralladura y el jugo de ¼ de limón sin encerar

½ diente de ajo pequeño, pelado

¼ de cdta. de sal marina

Precalienta el horno a 180 °C.

Coloca la coliflor entera sobre una hoja de papel de horno sin blanquear lo suficientemente grande para que la puedas envolver con ella y rocíala generosamente con aceite de oliva. En un cuenco pequeño, mezcla todas las especias y la sal y frota con la mezcla la coliflor untada de aceite. Espolvorea la piel de limón laminada por encima. Envuelve la coliflor con el papel de horno y ásala durante 1 hora o hasta que esté tierna cuando la pinches con un cuchillo. Abre el papel, repliégalo hacia atrás para separarlo de la coliflor y hornea de nuevo, ahora a 190 °C durante otros 20 minutos o hasta que el exterior de la coliflor se empiece a chamuscar ligeramente.

Para preparar la salsa tahini, mete todos los ingredientes en un robot de cocina con 4 cucharadas de agua y tritúralos hasta que obtengas una crema lisa. Si es necesario, añade un poquito más de agua, hasta que la consistencia sea similar a la de una crema de leche espesa.

Transfiere la col asada a una fuente para servir y riégala con la salsa tahini primero y luego con la melaza. Para terminar, espolvorea las semillas de sésamo por encima.

Sopa de ajo y de avellanas con ruibarbo

Para 4-6 personas

Se trata de una sopa fría potente y sabrosa, perfecta para un día de verano o de primavera. Es una variación del ajoblanco, la popular sopa del sur de España, que se prepara con almendras, pan blanco y ajo. En lugar de almendras he usado avellanas, porque se cultivan en el Reino Unido, donde vivo. Cosecharlas y abrirlas implican algo de trabajo, pero al final obtendrás una de las sopas más especiales que hayas probado jamás.

Todas las recetas del libro se elaboran con alimentos integrales, en primer lugar porque es beneficioso tanto para la salud de las personas como para la del planeta, pero también porque los ingredientes integrales o enteros son más baratos y, sobre todo, tienen un sabor mucho más intenso. Aunque la masa madre integral no produce una sopa inmaculadamente blanca, aporta un maravilloso color tostado y mayores nutrición y sabor, además de dar lugar a una crema espesa y suave. Cuando una receta incluya pan blanco o algún ingrediente procesado, intenta sustituirlo por un alimento integral. Te garantizo que saldrá bien el 99 por ciento de las veces y que, además, el plato sabrá aún mejor.

130 g de avellanas, en remojo en agua fría durante un mínimo de 6 horas

1 diente de ajo, pelado

100 ml de aceite de oliva virgen extra, y un poco más para servir

2 cdas. de vinagre de jerez o de vino tinto

50 g de pan duro de masa madre

15 g de ruibarbo, en daditos, opcional

Escurre las avellanas y mete 100 g en un robot de cocina, con el ajo, el aceite de oliva y el vinagre. Mete el pan en un cuenco con agua durante 20-30 segundos para ablandarlo y estrújalo para eliminar el exceso de agua antes de meterlo en el robot de cocina. Tritura a velocidad media-alta hasta que obtengas una pasta muy lisa. Añade 250 ml de agua y sigue triturando hasta que la sopa quede muy lisa. Rectifica la sal y añade más vinagre si es necesario. Mete la pasta en el frigorífico durante varias horas. Comprueba la consistencia y agrega un poco de agua, si es necesario, para darle la consistencia de una crema de leche espesa.

Lamina el resto de avellanas. Sirve la sopa fría en cuencos y espolvorea cada uno con las láminas de avellana y los daditos de ruibarbo, si has decidido usarlo. Para terminar, añade un chorrito de aceite de oliva virgen extra.

Patatas nuevas al pimentón con tupinambo y manzana

Para 4 personas

Casi siempre que alguien entra en la cocina cuando estoy cocinando con pimentón ahumado, dice algo parecido a: «Mmm… ¡Qué olor más delicioso!». Muchas personas creen que estoy cocinando chorizo, porque el pimentón ahumado es la especia principal que se usa en su preparación. Aquí he utilizado una combinación de especias adaptada de una receta clásica del River Cottage que acostumbraba a preparar cuando trabajaba allí. Le da un aroma espléndido a las patatas nuevas, que adquieren un intenso aroma ahumado y, lo más importante, un sabor extraordinario.

500 g de patatas nuevas

300 g de tupinambos, opcionales, si no se usan, sustitúyelos por más patatas

1 chorro de aceite, para asar

1 cdta. de semillas de alcaravea

2 cdtas. de semillas de cilantro

2 cdtas. de semillas de comino

2 cdtas. de pimentón dulce

4 cdtas. de pimentón ahumado

1 pizca de chile seco en escamas

1 manzana de postre, en octavos

6 ramitas de perejil, deshojado, con los tallos finamente picados, opcional

alioli (pág. 182), para servir, opcional

Precalienta el horno a 180 °C.

Deposita las patatas y los tupinambos, si has decidido usarlos, en una bandeja de horno. Riégalos con un chorro generoso de aceite, sazónalos y espolvoréalos con las especias. Remuévelos para asegurarte de que queden bien cubiertos con los condimentos y ásalos durante 50 minutos. Añade luego las cuñas de manzana y vuelve a meter la bandeja en el horno hasta que todo esté crujiente y hecho, en aproximadamente unos 10-20 minutos.

Sírvelo tal y como está o incorpora el perejil y el alioli para una mayor untuosidad.

Brotes de kale y endibias crujientes con mermelada de hinojo

Para 4 personas

Los brotes de kale son un invento maravilloso. Son un cruce entre la kale rusa roja y las coles de Bruselas, y tienen lo mejor de los dos mundos. Las hojas son abigarradas, verdes, moradas y rizadas en el exterior, con brotes semejantes a las coles de Bruselas en el centro. Puedes encontrarlos en los mercados en invierno y a principios de primavera y, si no, también los venden en algunos supermercados. Como las hojas están sueltas, se asan muy bien y quedan crujientes por fuera y muy sabrosas por dentro. Son magníficas asadas sin más, pero junto a la mermelada de hinojo y la mayonesa de chipotle se convierten en toda una explosión de sabor.

1 bulbo de hinojo, con las hojas, si lo encuentras

125 g de azúcar sin refinar

2 cdas. de vinagre de manzana (pág. 223)

200 g de brotes de kale enteros o de coles de Bruselas

2 endibias rojas o verdes, en cuartos

1 cda. de aceite de coco o de colza orgánico

100 g de mayonesa de chipotle (pág. 215), opcional

pimienta de Alepo, para servir

Para preparar la mermelada, separa la raíz de hinojo de las hojas. Corta la raíz y los tallos más gruesos en láminas finas y deposítalas en una cazuela de fondo grueso con una buena pizca de sal, el azúcar y el vinagre. Calienta la cazuela a fuego medio y llévala a ebullición poco a poco, mientras remueves el contenido para que el azúcar se disuelva. Hierve esta mezcla a fuego lento durante 15 minutos, removiéndola de vez en cuando, hasta que el líquido se haya evaporado y obtengas una consistencia pegajosa, como la de la mermelada. Trocea las hojas de hinojo y añádelas a la cazuela. Cuécelas durante 2 minutos y retira la cazuela del fuego. Pasa la mermelada a un tarro esterilizado y métela en el frigorífico.

Precalienta el horno a 230 °C.

Mezcla los brotes de kale y las endibias con el aceite y una pizca de sal. Dispón la verdura sobre una bandeja de horno y ásala durante 10-15 minutos o hasta que esté crujiente y algo chamuscada.

Sírvela sola o riégala con dos o tres cucharadas de la mermelada de hinojo. Acompáñala con una ración generosa de mayonesa de chipotle, si has decidido usarla, y espolvorea ligeramente pimienta de Alepo por encima.

Fujara de verduras

Para 4 personas

Una *fujara* es una cazuela de barro tradicional palestina que se usa para preparar guisos. Hace poco viajé a Belén con la empresa Zaytoun, una compañía que impulsa la comunidad y vende en el Reino Unido productos palestinos certificados por Fairtrade, y aprendí a preparar guisos en *fujara* junto al chef franco-palestino Fadi Kattan. Acudimos a la panadería local para cocinar la *fujara* en su horno de leña. Sin embargo, si no tienes ni *fujara* ni horno de leña, cualquier cazuela de arcilla o tajín funcionarán a la perfección.

1 kg de verduras de temporada variadas (p. ej., remolacha, calabacines, cebolletas…)

1 cebolla roja, en cuartos

2 dientes de ajo, picados gruesos

4 ramitas de perejil, con los tallos picados finos y las hojas troceadas gruesas

1 ramita de romero

4 cdas. de piñones, tostados en una sartén sin aceite hasta que se doren

1 chorro abundante de aceite de oliva virgen extra

300 g de *maftoul*, cuscús o frikeh, para servir, opcional

Precalienta el horno a 170 °C.

Dispón las verduras a capas en una cazuela de arcilla o tajín grandes, intercalando el ajo, las hierbas y la mitad de los piñones. Salpimiéntalas y alíñalas con el aceite de oliva. Esparce el resto de los piñones sobre la última capa y añade 200 ml de agua. Tapa la cazuela y hornea las verduras durante 1-2 horas o hasta que estén tiernas.

Prepara el *maftoul*, el cuscús o el frikeh, si has decidido usarlos, siguiendo las instrucciones del fabricante, y sírvelo para acompañar la *fujara*.

Labneh asado con melocotones caramelizados y chile seco en escamas

Para 4 personas

Se estima que existen unas cincuenta mil variedades de pimientos, desde las más suaves hasta las que pueden hacer que te estalle la cabeza, cada una con su propio y complejo perfil aromático. Los pimientos isot son una variedad muy suave originaria de Turquía. Son de color morado oscuro y tienen un aroma ahumado que recuerda a las uvas pasas y que catapulta esta receta a otro nivel. Es un plato muy sustancioso, ni demasiado dulce ni demasiado salado. Sírvelo como parte de un *mezze* o con pan tostado.

La fruta cultivada localmente acostumbra a ser la más perfecta, en parte por la corta distancia que separa el árbol de la mesa, lo que significa que las frutas delicadas se pueden cosechar más maduras cuando se compran en temporada y no necesitan un almacenaje prolongado, que puede reducir tanto el sabor como la capacidad nutricional. Si compras fruta blanda importada, comprueba que no haya llegado por avión, porque es el tipo de transporte con la mayor huella de carbono. Aunque este representa menos del 1 por ciento de los kilómetros alimentarios del Reino Unido, produce el 11 por ciento de las emisiones de dióxido de carbono.

600 g de *labneh* (pág. 224)

1 diente de ajo, picado fino

la ralladura y el jugo de ¼ de limón sin encerar

8 ramitas de tomillo, deshojadas

3 cdtas. de pimiento isot, o un chile de otro tipo, en escamas

aceite de oliva virgen extra, al gusto

2-3 melocotones u otra fruta con hueso, cortados en cuartos, deshuesados (composta los huesos)

2 cdas. de jarabe de arce, o de otro edulcorante, y un poco más para servir

3 ramitas de hojas de hinojo o de apio

flores comestibles, opcionales

Precalienta el horno a 180 °C.

En un cuenco grande, mezcla el *labneh*, el ajo, la ralladura y el jugo de limón, la mitad de las hojas de tomillo, 1 cucharadita del pimiento o el chile en escamas y un poco de aceite de oliva virgen extra. Vierte la mezcla en una fuente o bandeja esmaltada y aplana la superficie con un cuchillo. Dispón los cuartos de melocotón por encima, espolvorea el resto del pimiento o chile en escamas y riégalo todo con el jarabe de arce o el edulcorante que hayas elegido. Hornéalo durante 35 minutos o hasta que se dore.

Para servir, esparce por encima el resto de las hojas de tomillo, las hojas de hinojo o de apio y las flores comestibles, si has decidido usarlas.

Verduras de verano a la barbacoa con chimichurri de hojas de tubérculos

Para 4 personas

Esta época del año es un lujo. Hay multitud de verduras locales de temporada y están en su mejor momento, desde las berenjenas anhelantes de sol hasta los prolíficos pimientos y calabacines o las altísimas plantas de hinojo. El verano es el momento ideal para hacer una barbacoa, no solo porque hace sol y los días son largos, sino también para celebrar esta diversidad de verduras maravillosas. Prácticamente todas ellas se pueden preparar a la barbacoa y la inclusión de diversas especies vegetales de la raíz al fruto nos permite montar todo un espectáculo sobre la mesa.

La salsa verde es una manera muy ingeniosa de aprovechar las hojas de los tubérculos y convertirlas en un condimento sabroso y adaptable que se puede usar para untar, como una pasta, o como aliño para las verduras. Uno de mis primeros trabajos en el sector de la restauración fue en una parrilla argentina en Honduras (Centroamérica). Allí observé al chef como un halcón, para empaparme de sus trucos y de su dominio de la comida tradicional argentina y del fuego. En mi sitio web encontrarás un truco genial para prender barbacoas. Este chimichurri es una variación de la receta que servíamos allí.

2 kg de verduras de temporada
(p. ej., berenjenas, remolacha, hinojo, colirrábano, judías, etc., con las hojas incluidas)

Para el chimichurri de hojas de tubérculos

40 g de hojas de tubérculos (p. ej., de remolacha, de zanahoria o de rabanito)

2 cdtas. de orégano o fresco troceado

2 dientes de ajo, majados

1 pizca de chile seco en escamas

120 ml de aceite de oliva virgen extra

3 cdas. de vinagre de vino tinto

Para preparar el chimichurri, apila todas las hojas, corta los tallos leñosos y trocea finamente el resto, desde el tallo hasta las hojas. Mézclalos en un cuenco pequeño con el resto de ingredientes del chimichurri y salpimiéntalo al gusto. Resérvalo.*

Prende el carbón con antelación y espera a que se vuelva blanco antes de empezar a cocinar. Limpia las verduras y prepárate para cocinarlas enteras.

Si usas verduras duras, como remolachas, zanahorias o alcachofas, puedes blanquearlas previamente en agua y sal, hasta que estén al punto o lo bastante blandas para poder ensartarlas en una brocheta. Si no, puedes ponerlas al borde del fuego, entre las brasas a punto de apagarse, para que se cocinen lentamente desde el principio. Si las preparas así, tardarán 1-2 horas en hacerse, en función de su tamaño, y es posible que queden un poco carbonizadas por fuera, pero por dentro estarán muy intensas y sabrosas.

Puedes colocar directamente sobre las brasas o sobre una parrilla las verduras blanqueadas o blandas, como berenjenas, calabacines, pimientos, bulbos de hinojo, judías o cebolletas. Dales la vuelta con frecuencia y asegúrate de que las brasas no estén demasiado calientes. Si las verduras se chamuscan demasiado rápidamente, eleva la parrilla o mueve un poco el carbón, para bajar la temperatura. Las verduras tardarán entre 15-30 minutos en hacerse, en función de la viveza del fuego. Pínchalas para comprobar si están lo bastante blandas para poder comerlas.

Sírvelas enteras para que los comensales se las preparen solos o córtalas en tiras y acompáñalas con el chimichurri.

Podrás conservar el chimichurri que te sobre hasta 2 semanas en un recipiente hermético en el frigorífico.

Patatas a la sal marina

Para 2 personas

Cuando éramos pequeños, mis padres nos preparaban patatas a la sal como cena rápida, que acompañaban con una ensalada de col, con alubias con tomate o cualquier otra verdura. Esta receta no necesita aceite: el agua adhiere milagrosamente la sal a la patata, que al secarse queda cubierta de una costra brillante.

Las patatas son un regalo dorado (a veces también morado o azul) de los dioses incas y empezaron a cultivarse hace unos ocho mil años cerca del lago Titicaca, a los pies de los Andes, a partir de variedades silvestres. Solo en el Reino Unido se cultivan ochenta variedades de patata, una cifra que supera las cuatro mil en todo el mundo. Perú y Bolivia son los mayores productores de patata del mundo. Esta diversidad las convierte en un cultivo resistente a las plagas y a las enfermedades. Siempre que puedas, compra patatas de agricultores que eviten los pesticidas, porque con frecuencia estos se usan de forma rutinaria y excesiva para prevenir el mildiu de la patata, habitual en los monocultivos.

Protege la diversidad de las patatas y, en la medida de lo posible, usa un amplio abanico de especies, cada una con su color y su sabor característicos. Cultiva, intercambia y comparte tus patatas y busca variedades misteriosas en los mercados. Cada una tiene una textura y un perfil aromático propios.

1 cda. de sal marina

6-8 patatas pequeñas-medianas*

Precalienta el horno a 180 °C.

Vierte la sal en un cuenco amplio. Lava las patatas y déjalas escurrir. Mientras siguen húmedas, rebózalas en la sal hasta que queden completamente cubiertas y colócalas en una fuente de horno. Guarda la sal que te sobre para otros platos. Mete las patatas en el horno durante 1 hora o hasta que estén cocidas del todo y blandas cuando las pinches con un cuchillo.

Sírvelas calientes o frías, acompañadas de la ensalada que prefieras. A mí me gustan con un poco de aceite de oliva virgen extra mezclado con la pulpa.

Las variedades de la imagen son: Arran Victor 1918, Linda 1974, Mayan God, Pink Fir Apple 1850, Pippa, Red Emmalie, Sharpe's Express 1900, Shetland Black, Violetta, Yukon Gold 1980.

Tomates a la brasa con ajo y orégano

Para 2 personas

En el Ballymaloe Litfest de Cork (Irlanda) tuve el privilegio de conocer y cocinar junto a Francis Mallmann, el chef del fuego, durante una de sus demostraciones. Mi amiga, la escritora culinaria Olia Hercules y yo decidimos madrugar para unirnos a él a las 5 de la mañana y ayudarlo. Cuando llegamos, el cuchillero Fingal Ferguson ya estaba allí con sus cuchillos dispuestos sobre un tablero y vendiendo sus productos mientras el chef Mallmann encendía una enorme hoguera. Era una imagen bellísima y fue una jornada memorable. Acabé comprando un cuchillo (el de la página 107) y cociné junto con Mallmann durante todo el día.

Aprovecha al máximo las maravillosas variedades de tomates disponibles ahora y busca los más jugosos y grandes que puedas encontrar para que sean tu centro de mesa. Los grandes y rojos tomates corazón de buey y los piña hawaiana, amarillos, funcionan a la perfección en esta receta. No te asustes si la parte abierta del tomate que está en contacto con la parrilla se quema mucho, porque los tonos amargos del chamuscado complementarán muy bien el dulzor de la pulpa del interior.

2-4 tomates grandes

4 dientes de ajo, pelados y en láminas longitudinales muy finas

1-2 ramitas de orégano seco o fresco

1 chorro de aceite de oliva virgen extra

tostada (pág. 80) para servir, opcional

Si vas a usar una barbacoa, enciende el carbón con antelación y espera a que las brasas se vuelvan blancas antes de empezar a cocinar.

Corta los tomates por la mitad y haz varias incisiones en la parte cortada. Inserta láminas de ajo y hojitas de orégano en estas últimas y sazónalos. Pinta las caras cortadas con aceite de oliva.

Precalienta una plancha de superficie estriada a fuego medio-alto sobre las brasas o el fogón. Coloca los tomates sobre la plancha caliente con la parte cortada hacia abajo y, de momento, déjalos ahí. Cuando veas que se están empezando a quemar por debajo, sigue sin moverlos, pero empieza a prestarles más atención. Cuando se forme una capa chamuscada, pero fina, en la parte cortada, sepáralos cuidadosamente de la parrilla con una espátula y pásalos directamente a la fuente de servicio.

Preséntalos sobre una tostada o junto a otros acompañamientos y ensaladas.

Restos de verduras rebozados a la cerveza

Para 2 personas

La cerveza es un ingrediente fantástico para muchos platos. Basta un poquito para transformar un plato a la brasa, un guiso o un estofado, a los que añade notas de caramelo amargo, malta y lúpulo que elevan la receta y reducen la necesidad de caldo. Guarda la cerveza que te sobre en recipientes herméticos durante 1 mes en el frigorífico o indefinidamente, hasta que la necesites, en el congelador.

Además de estar deliciosa, la masa de cerveza es muy rápida de hacer. Sus burbujas la ayudan a hincharse en la sartén, por lo que el rebozado queda crujiente, sabroso y con textura. Aquí he rebozado una variedad de verduras, que quedan absolutamente exquisitas si se les suma una mayonesa al curri.

Me gusta usar aceite de oliva virgen extra para freír, por el sabor, los beneficios para la salud y la estabilidad, aunque es más caro y hay que evitar que humee. Para ahorrar dinero, reutilízalo siguiendo las instrucciones que te daré a continuación.

100 g de harina de espelta integral, y un poco más para espolvorear

1 cdta. de levadura

130 ml de cerveza que te haya sobrado o de agua

aceite de oliva virgen extra o aceite de colza orgánico, para freír

200 g de verduras y plantas de temporada variadas (p. ej., angélica, calabacín, limón, setas, ortigas…) en láminas o enteras, en función del tamaño

Para servir

mayonesa al curri (pág. 215) o tamari

Mezcla en un cuenco la harina, la levadura y sal. Añade la cerveza o el agua y bátelo todo hasta que no queden grumos. Si es necesario, agrega un poco más de agua o de cerveza para obtener la consistencia de la crema de leche espesa.

Llena un cazo con aceite de oliva hasta dos tercios de su capacidad y caliéntalo a fuego medio hasta los 180 °C. Para comprobar la temperatura, vierte una gota de la masa: si burbujea y asciende a la superficie, el aceite está listo. No dejes que humee. Si se calienta demasiado, baja el fuego, porque todos los aceites son perjudiciales para la salud si se sobrecalientan.

Reboza las verduras en un poco de harina y sacúdelas un poco para que se caiga el exceso. Luego sumérgelas en la masa y sacúdelas de nuevo para repetir el proceso anterior. Mete con cuidado las verduras rebozadas (en tandas) en el aceite caliente y fríelas durante 5 minutos o hasta que se doren. Sácalas del aceite con una rasera y deja que se escurran sobre papel de cocina mientras fríes el resto. Sírvelas de inmediato, acompañadas de tu condimento preferido.

Para ahorrar y reutilizar el aceite, primero deja que se enfríe del todo y luego pásalo por un colador de malla fina y una estopilla; guárdalo dentro de un recipiente hermético en un lugar oscuro y fresco.

El colinabo que se hace pasar por jamón

Para 4-6 personas

Aunque el colinabo ya está delicioso cuando se asa entero sin más, si se pinta con azúcar y mostaza es absolutamente irresistible y lleva el nivel de satisfacción al extremo. Este plato es un centro de mesa ideal para cualquier ocasión y es perfecto tanto caliente y recién hecho como frío, al día siguiente; a mí me encanta así, entre dos rebanadas de pan, como si fuera un bocadillo de jamón, con mostaza y gran cantidad de berros. La receta funciona igualmente bien con un apio nabo entero.

1 colinabo o 1 apio nabo de unos 500 g

12 clavos

1 chorro de aceite de oliva virgen extra

30 g de azúcar sin refinar (jaggery, panela o mascabado)

20 g de mostaza (pág. 161)

Para servir

chucrut (pág. 221), berros

Precalienta el horno a 180 °C.

Marca toda la superficie del colinabo con un cuchillo, haciendo incisiones de 1 cm de profundidad dibujando rombos, al igual que con los jamones cocidos. Inserta los clavos en la parte superior, de forma que queden repartidos uniformemente por la superficie. Riégalo con aceite y espolvorea ligeramente sal por encima. Envuelve el colinabo en una hoja de papel de horno sin blanquear lo suficientemente grande y colócalo sobre una fuente pequeña apta para horno.

Asa el colinabo durante 1 hora, retira el papel de horno y hornéalo durante media hora o 1 hora más, hasta que esté hecho del todo. Luego retíralo del horno y baja la temperatura a 120 °C. Mezcla la mostaza y el azúcar en un cuenco pequeño y pinta todo el colinabo con la mezcla. Vuelve a meterlo en el horno durante 20-30 minutos.

Córtalo en la mesa y sírvelo acompañado de chucrut y berros, o deja que se enfríe y sírvelo cortado, en bocadillos.

Costillas de maíz con chile y lima

Para 4 personas

Las costillas de maíz son una forma divertidísima y práctica de comer maíz. Son más pequeñas y su superficie comestible es mayor, por lo que se les puede añadir más sabor y son más fáciles de comer que una mazorca entera.

Los incas empezaron a cultivar maíz en México y las Américas hacia el año 7000 a. C. y le pusieron este nombre, que significa «portador de vida». En esa época se construyeron imperios enteros comerciando con él y podríamos decir que aún sigue siendo así. El maíz proporciona una quinta parte de toda la nutrición mundial, es uno de los diez productos alimenticios más vendidos y también un símbolo icónico del monocultivo y de la pérdida de agrodiversidad. Las mazorcas de maíz dulce con 16 hileras que tanto nos gustan no son más que una fracción de la vastísima diversidad genética del maíz, gran parte de la cual está extinguida ahora. El maíz crece en una amplia variedad de formas, colores y tamaños, cada una con usos distintos. Algunas son ideales para hacer palomitas (pág. 170), mientras que otras son perfectas para elaborar la nutritiva harina de la masa para tortillas.

El año pasado cultivamos en casa maíz fresa, que nos donó el agricultor orgánico Guy Singh-Watson, de Riverford Farm. Es de un maravilloso color rojo rubí, con granos puntiagudos y una forma que recuerda a la de las fresas. El maíz común es nutritivo y barato, pero, si queremos apoyar la agrodiversidad, deberíamos intentar probar otras variedades de este alimento básico. Si puedes cultivar tu propio maíz, prueba algunas de las variedades tradicionales disponibles o pregúntale a tu agricultor de confianza si cultiva algo único.

la ralladura y el jugo de 1 lima sin encerar

4 mazorcas de maíz (variedades tradicionales, si las hay)

1 tanda de mayonesa de chipotle (pág. 215)

Prepara sal de lima majando un poco de sal con la ralladura de la lima en un mortero. Añade el jugo de lima y reserva la mezcla.

Corta las mazorcas transversalmente por la mitad y luego parte en dos cada mitad otra vez, pero esta vez longitudinalmente. Ahora, y con cuidado, corta cada trozo longitudinalmente en tres cuñas con forma de costilla.

Lleva a ebullición una cazuela grande con agua y sal. Mete las costillas de maíz en el agua y hiérvelas durante 8 minutos. Escúrrelas y sírvelas, aliñadas con la jugosa sal de lima y acompañadas con la mayonesa de chipotle.

Salsifí y chalotas caramelizadas con tomillo, moras y avellanas

Para 2-4 personas

El salsifí es uno de mis tubérculos preferidos de otoño/invierno y, como no siempre es fácil de encontrar, lograr hacerse con uno es aún más especial. En algunos países europeos lo llaman «espárrago de pobre», porque se parece en aspecto y sabor al espárrago blanco. Su delicada salinidad le da un sabor parecido al de la ostra, y es rico en vitamina E y en hierro. El salsifí se puede hervir y triturar, añadir a guisos, caramelizarse o asarse, como he hecho aquí.

Prepara este plato al principio de la temporada, cuando hay bayas de saúco, moras y salsifí. Estos dos frutos del bosque son fáciles de encontrar y de identificar en el campo. Si consigues cosechar de sobra, transforma lo que te sobre en compota o mermelada. Si no encuentras salsifí, usa palitos de nabo.

8-12 ramitas de tomillo

300 g de salsifí, con la piel raspada con un cuchillo romo, o 300 g de nabos

2-3 chalotas, cortadas longitudinalmente por la mitad, o 1 cebolla cortada en cuñas

1 chorro de aceite de oliva virgen extra

un poco de sirope de arce o de otro edulcorante

la cáscara y el jugo de ¼ de limón sin encerar

30 g de avellanas, ligeramente majadas

120 g de moras o bayas de saúco o 100 g de compota de moras

vinagrera, opcional

Precalienta el horno a 180 °C.

Esparce el tomillo por la base de una fuente o una bandeja de horno. Corta el salsifí en tiras de 10 cm y disponlas sobre el tomillo junto con las chalotas. Riega todo con el aceite y el edulcorante y sazónalo. Mete la fuente o la bandeja en el horno y ásalo todo durante 45 minutos o hasta que las verduras se doren.

Dale la vuelta a las verduras para que la parte inferior, caramelizada, quede arriba y ralla por encima la cáscara del limón. Añade las avellanas majadas, las bayas de saúco o las moras o la compota y vuelve a meter la bandeja en el horno durante 4 minutos.

Sírvelas calientes en la fuente o bandeja, o en platos, aliñadas con un chorro de jugo de limón y adornadas con hojas de vinagrera, si has decidido usarlas.

Pastel de setas, lentejas y apio nabo

Para 4 personas

El puré de apio nabo es uno de los grandes placeres de la vida y eleva el ya reconfortante puré de patatas con sabor, textura y aromas adicionales. Úsalo para coronar un pastel de lentejas como este y verás que empiezan a suceder todo tipo de cosas mágicas. Este es un plato contundente y saciante que recomiendo preparar en un domingo perezoso o con antelación, porque el sabor mejora con el tiempo. Ahorra energía duplicando las cantidades de la receta y congelando uno de los pasteles para otro día.

El apio nabo se cultiva por la raíz a partir de la misma planta que el apio. El tallo y las hojas de la planta del apio nabo son muy parecidas a un manojo de apio, pero su sabor es más intenso. Por eso, son especialmente útiles como hierba aromática en salsas, sopas y guisos. Si tienes la suerte de encontrar un apio nabo con los tallos y las hojas, guárdalas y úsalas para dar aroma.

400 g de apio nabo, lavado y cortado en dados, con la piel (composta el extremo inferior de la raíz)

400 g de patatas harinosas (p. ej., King Edward, Desirée, Russet), en dados bastos, con la piel

2 chorros de aceite de oliva virgen extra, y un poco más al gusto

5 g de boletus secos, opcionales

1 cebolla, en daditos

2 zanahorias grandes, en daditos

200 g de setas planas, picadas finas

4 dientes de ajo, troceados gruesos

1 cda. de extracto de levadura

5 ramitas de romero, deshojadas y troceadas gruesas

1 cda. de puré de tomate

100 g de lentejas verdes o marrones secas

1 cda. de salsa Worcestershire, opcional

1 cda. de sirope de arce o de otro edulcorante, opcional

250 ml de vino tinto orgánico

Lleva a ebullición una cazuela grande con agua y sal. Añade el apio nabo y hiérvelo a fuego lento durante 10 minutos. Luego agrega las patatas y hiérvelo todo durante 20 minutos más o hasta que las patatas y el apio nabo se hayan ablandado. Cuélalos y reserva toda el agua de cocción. Devuelve las patatas y el apio nabo a la cazuela, aplástalos con un chorro de aceite de oliva e incorpora un poco del agua de cocción hasta que obtengas una agradable consistencia esponjosa. Necesitarás el resto del agua de cocción más adelante en la receta, así que no lo tires. Salpimienta el puré y añade aceite de oliva al gusto. Resérvalo.

Mientras, pon en remojo los boletus, si has decidido usarlos, en 100 ml de agua fría durante un mínimo de 10 minutos.

Calienta un chorro de aceite de oliva virgen extra a fuego medio en una cazuela grande de fondo grueso. Añade la cebolla, las zanahorias y las setas y sofríelas durante 5-10 minutos o hasta que se empiecen a caramelizar. Incorpora el ajo, el extracto de levadura, el romero, el puré de tomate, las lentejas, la salsa Worcestershire y el jarabe de arce u otro edulcorante si has decidido usarlos. Remuévelo bien todo y espera a que se caliente de forma uniforme. Añade el vino tinto y lleva la cazuela a ebullición. Corta los boletus (si los usas) en daditos pequeños y agrégalos, junto con el agua del remojo. Incorpora también 500 ml del agua de cocción del apio nabo. Lleva a ebullición la cazuela otra vez, baja el fuego y deja que hierva a fuego lento durante 20-30 minutos o hasta que las lentejas estén hechas. Agrega más agua de cocción, si es necesario. Salpiméntalas al gusto.

Precalienta el horno a 180 °C.

Pasa la mezcla de lentejas a una fuente de horno mediana y profunda y cúbrela con el puré de apio nabo y patata. Mete la fuente en el horno y hornéala durante 20 minutos. Enciende el grill al final para que el puré se gratine. Sirve.

Lasaña de nanjea

Para 2 personas

Esta es una receta de lasaña clásica, pero con nanjea en lugar de carne. En Italia, la lasaña se suele hacer con ternera guisada que luego se pica o se deshilacha y se elabora como un ragú. Esta receta imita ese estilo tradicional, pero con nanjeas, que tienen una textura muy similar y son muy apetitosas.

La nanjea es un cultivo prometedor que, con frecuencia, se promueve como un superalimento, capaz de ayudarnos a alimentar de forma sostenible a una población que aumenta sin cesar. Procede del suroeste de India, donde crece de forma generalizada, y ahora se encuentra en el sureste asiático, África y Brasil. La nanjea es un cultivo perenne y el árbol frutal más grande del mundo, que puede producir más de cien frutos anuales, cada uno de los cuales pesa un promedio de 5 kilos… ¡y algunos hasta unos increíbles 45 kilos!. Además, son un cultivo relativamente fácil y pueden sobrevivir en condiciones difíciles: toleran plagas, enfermedades, temperaturas elevadas y sequías. Y, por supuesto, son muy sabrosos, por lo que son un sustituto perfecto de la carne.

aceite de oliva virgen extra

300 g de nanjea cocida

1 cebolla, rallada

1 rama de apio, en daditos

1 zanahoria, rallada

2 dientes de ajo, majados hasta convertirlos en una pasta

1 cdta. de orégano seco

1 hoja de laurel

1 cda. de salsa Worcestershire, opcional

1 cda. de extracto de levadura, opcional

50 ml de vino tinto

400 g de tomate frito o en conserva

1 cda. de azúcar sin refinar

6 láminas de lasaña de espelta integral (pág. 232)

½ porción de falsa salsa de queso (pág. 100)

1 cda. de levadura nutricional, opcional

hojas de ensalada, para servir, opcionales

Calienta un chorro de aceite a fuego medio-alto en una sartén grande. Añade la nanjea y sofríela durante 5-10 minutos, removiéndola con regularidad hasta que se caramelice y, si es necesario, ajusta el fuego para que el aceite no humee. Agrega la cebolla, el apio, la zanahoria, el ajo, el orégano y la hoja de laurel, y sofríelo todo durante 5 minutos o hasta que las verduras se ablanden y se empiecen a dorar. Incorpora la salsa Worcestershire y el extracto de levadura, si has decidido usarlos, y el vino y lleva la sartén a ebullición sin dejar de remover. Añade los tomates y el azúcar y deja hervir todo a fuego lento durante 2 minutos. Salpimiéntalo al gusto.

Precalienta el horno a 220 °C.

Para montar la lasaña, vierte una tercera parte de la mezcla de nanjea en la base de una fuente de horno. Tapa con un tercio de las láminas de lasaña y luego vierte un tercio de la falsa salsa de queso. Repite el proceso y acaba con una capa de falsa salsa de queso. Espolvorea por encima la levadura nutricional y hornea la lasaña durante 25 minutos.

Déjala reposar durante 10 minutos antes de servirla. Acompaña la lasaña con hojas de ensalada, si te apetece.

Ñoquis de centeno con calabaza, chips de puerro y nueces

Para 4 personas

Los ñoquis son uno de los alimentos más reconfortantes que hay y son perfectos para invierno. En esta receta, las nueces, ralladas finas, sustituyen al queso y añaden profundidad de sabor.

En esta época del año abundan las calabazas, que son muy asequibles. Las hay de muchas variedades, cada una con sus propios sabores y características, desde las redondas como cebollas y de un llamativo color naranja hasta las cabello de ángel, que se pueden deshilachar. Esta receta funciona con la mayoría de variedades, así que eres libre de experimentar con lo que tengas disponible. Aquí he usado una maravillosa calabaza Crown Prince, de color verdoso. La piel de la mayoría de calabazas es más tierna de lo que pueda parecer y se puede dejar cuando se hierve o se asa. Las hojas, las flores y los tallos también son comestibles y muy nutritivos. Si cultivas tus propias calabazas, puedes cosechar algunas hojas y usarlas en lugar de otras verduras de hoja. Las flores se pueden rellenar, como las de calabacín, o también se pueden usar para decorar los platos.

Para los ñoquis

500 g de patatas (Desirée, King Edward u otra variedad harinosa)

120 g de harina de centeno, o de otro tipo, y un poco más para enharinar

1 cdta. de bicarbonato

1 chorro de aceite de oliva virgen extra, para freír

Para la salsa de calabaza

380 g de calabaza

la ralladura y el jugo de ¼ de limón sin encerar

2 chorros de aceite de oliva virgen extra

50 g de puerro, en daditos

1 diente de ajo, picado grueso

Para la cobertura

1 chorro de aceite de oliva virgen extra, para freír

50 g de hojas de puerro verdes, lavadas y cortadas en tiras finas

4 mitades de nueces

Para los ñoquis, cuece al vapor las patatas enteras durante 25 minutos o hasta que se ablanden. Escúrrelas hasta que estén muy secas y aplástalas en un cuenco, hasta hacerlas puré. Añade la harina y el bicarbonato y da forma de bola al puré. Si la mezcla es muy pegajosa, incorpora un poco más de harina.

Separa la masa en cuatro porciones iguales y dales forma de bola. Espolvorea la superficie de trabajo con harina y estira cada bola hasta obtener un churro largo, de aproximadamente 1 cm de grosor. Córtalo en trozos de aproximadamente 3 cm de longitud y disponlos sobre una tabla o una bandeja ligeramente enharinada. Resérvalos.

Para la salsa de calabaza, primero retira las semillas de la calabaza. (Guárdalas para molerlas, pág. 215.) Deja la piel, corta 12 láminas largas de calabaza, mételas en un cuenco y alíñalas con un chorro de jugo de limón. Corta el resto de la calabaza en dados de 1 o 2 cm. Calienta un chorro de aceite a fuego medio-bajo en una cazuela y sofríe el puerro hasta que se poche, pero sin que se llegue a dorar. Añade el ajo y sofríelo durante 1 minuto más. Agrega los dados de calabaza y 175 ml de agua. Lleva a ebullición la cazuela, tápala y déjala hervir a fuego lento durante 15 minutos o hasta que la calabaza se ablande. Tritura la mezcla de calabaza hasta que obtengas un puré fino con un buen chorro de aceite de oliva virgen extra y el resto del jugo y la ralladura de limón.

Para los chips de puerro, calienta el aceite de oliva a fuego medio-alto en una sartén. Añade las hojas de puerro cortadas en tiras y fríelas hasta que estén crujientes. Sácalas de la sartén, sazónalas y déjalas escurrir sobre papel de cocina.

Justo antes de servir, calienta un chorro de aceite a fuego medio en una sartén grande y fríe los ñoquis durante unos 5 minutos o hasta que se empiecen a dorar. Sírvelos inmediatamente, revueltos con el puré de calabaza templado y con los chips de puerro y las láminas de calabaza aliñadas con limón. Ralla por encima las mitades de nuez en lugar de usar queso.

Maftoul con siete tubérculos, uvas pasas y zumaque

Para 8 personas

Maftoul significa, literalmente, «enrollado a mano» y es un alimento básico palestino que se elabora mezclando bulgur con harina integral y agua. Durante uno de mis viajes a Palestina, una mujer que pertenece a una cooperativa llamada Club de Mujeres Anza me enseñó a prepararlo. La cooperativa produce *maftoul* certificado por Fairtrade (además de dátiles, frikeh y almendras) para su exportación internacional mediante la empresa social Zaytoun. Merece la pena buscarlo, tanto por su excelente sabor como por el apoyo que proporciona a las mujeres que participan en el proyecto.

Los tubérculos son mejores en invierno, porque el frío intensifica sus azúcares y los hace más dulces y vibrantes. Celebra su delicioso sabor eligiendo una variedad de hasta cinco tubérculos más con los que acompañar las cebollas y el ajo en este plato, que es un fantástico ejemplo de aprovechamiento: el líquido que se usa para cocinar al vapor el *maftoul* y las verduras se usa luego para preparar otro plato: una deliciosa y sencilla sopa.

Cuando compres almendras, asegúrate de que proceden de productores sostenibles con certificación orgánica o de Fairtrade, porque algunas variedades convencionales necesitan cantidades de agua excesivas y ejercen una presión innecesaria sobre la capa freática local.

1,5 kg de tubérculos variados
(p. ej., nabos, zanahorias, patatas, apio nabos, tupinambos)

2 cebollas, en rodajas

3 dientes de ajo, picados gruesos

30 g de perejil, con los tallos picados finos y las hojas picadas gruesas

30 g de menta, con los tallos picados finos y las hojas picadas gruesas

2 cdtas. de semillas de comino, tostadas en una sartén sin aceite hasta que empiecen a despedir fragancia

1 cda. de azúcar sin refinar

1 cda. de pimentón dulce

500 g de *maftoul* o de cuscús de grano grueso, en remojo en agua fría durante 10 minutos

80 g de puré de tomate

100 g de acelga rojo rubí, o de otra verdura de hoja verde, en tiras finas

250 g de guisantes amarillos, o garbanzos cocidos

60 g de uvas pasas

60 g de almendras, o de otro fruto seco, con certificación de comercio justo, laminadas finas

1 pizca de zumaque, opcional

Precalienta el horno a 170 °C.

Corta los tubérculos longitudinalmente en mitades o cuartos, en función de su tamaño. Elige una cazuela o una olla lo bastante grande para poder meter dentro un colador. Llena la cazuela con 2 ½ litros de agua y añade los tubérculos que acabas de preparar, las cebollas, el ajo, los tallos de perejil y menta, el comino, el edulcorante y el pimentón. Llévalo todo a ebullición, baja el fuego y deja hervir a fuego lento durante 20 minutos. Sazónalo bien.

Con una rasera, pasa las verduras a una bandeja de horno y mételas en el horno para que se mantengan calientes. Vuelve a poner la cazuela al fuego.

Escurre el *maftoul* o el cuscús en remojo en un colador. Pon el colador, con el *maftoul* o el cuscús dentro, sobre la cazuela, para que se haga al vapor. Tapa la cazuela y deja que hierva a fuego lento, removiendo de vez en cuando, durante 30 minutos o hasta que los cereales estén al dente. Pasa el *maftoul* o el cuscús a una fuente y resérvalo mientas preparas la sopa.

Añade el puré de tomate, las acelgas y la mitad de los guisantes amarillos o de los garbanzos a la cazuela, vuelve a llevarla a ebullición y salpimiéntalo todo.

Para servir, mezcla las uvas pasas y dos terceras partes de las hojas de perejil y de menta con el *maftoul* o el cuscús y condiméntalo con el resto de hierbas y guisantes (o garbanzos) y las almendras laminadas. Remátalo con una pizca de zumaque, si has decidido usarlo. Sirve la sopa como primer plato o junto al principal.

Arepas de maíz con gírgolas deshilachadas

Para 4 personas

Las arepas son una comida callejera tradicional de Venezuela. Se trata de unas sabrosas tortitas hechas con harina de maíz, fritas en una plancha y con una amplia variedad de rellenos.

El profesor de Harvard Walter Willett escribió en la Comisión EAT-*Lancet* sobre dietas saludables a partir de sistemas alimentarios sostenibles que «una dieta rica en alimentos basados en plantas y con menos productos de origen animal ofrece beneficios tanto para la salud como para el medioambiente». Todas las evidencias apuntan a la necesidad de reducir la ganadería intensiva para mejorar la salud de las personas y del planeta, y cada vez hay más demanda de alternativas deliciosas.

Las setas son una alternativa a la carne increíblemente sostenible, además de la única fuente fresca no animal de vitamina B_{12}, una vitamina esencial que se ha de suplementar en las dietas basadas en plantas. Estas gírgolas «deshilachadas» a la barbacoa son pegajosas, dulces y carnosas. Si te sobra parte del delicioso relleno de setas, es ideal sobre una tostada y acompañado de ensalada de col (pág. 81).

Para la salsa barbacoa

1 chorro de aceite de oliva virgen extra

2 cebollas, en daditos

4 dientes de ajo, picados gruesos

1 cda. de pimentón ahumado

1 cdta. de pimienta de Jamaica

1 cdta. de pimienta negra recién molida

4 cdas. de melaza

2 cdas. de miso (pág. 223)

40 ml de vinagre de manzana (pág. 223)

100 ml de tomates cocidos

Para las gírgolas «deshilachadas»

500 g de gírgolas

1 chorro de aceite de oliva virgen extra

Para la salsa de colirrábano y de mango

½ colirrábano, en daditos

60 g de mango seco, en dados

½ cdta. de chile seco en escamas

½ cebolla roja, en daditos

6 ramitas de cilantro, deshojadas, con los tallos picados finos

Para las arepas

330 g de masa de maíz

1 chorro de aceite de oliva

Para la salsa barbacoa, calienta un chorro de aceite a fuego medio-bajo en una sartén de fondo grueso y sofríe las cebollas y el ajo hasta que se caramelicen, aproximadamente unos 15 minutos. Añade las especias y sofríelas durante 5 minutos. Incorpora la melaza, el miso, el vinagre de manzana y los tomates cocidos. Lleva la salsa a una ebullición suave y déjala hervir a fuego lento hasta que se espese. Retira la sartén del fuego.

Para las gírgolas «deshilachadas», calienta a fuego medio una cazuela grande e incorpora las setas con un chorro de aceite, tapa la cazuela y cocínalas hasta que estén bien hechas y blandas. Retira la cazuela del fuego y deshilacha las gírgolas usando dos tenedores. Devuelve las gírgolas deshilachadas a la cazuela y añade la salsa barbacoa. Resérvalas.

Para preparar la salsa, mezcla en un cuenco el colirrábano, el mango, el chile en escamas, la cebolla roja y los tallos de cilantro. Sazónala al gusto y resérvala.

Para las arepas, pon la harina de maíz en un cuenco y añade 550 ml de agua caliente. Sazona con una pizca de sal y remueve la mezcla hasta que obtengas una masa firme, pero que no se desmenuce demasiado. Incorpora más agua o harina si es necesario. Tapa el cuenco con un paño y deja reposar la masa durante 1 hora, si es posible. Luego sepárala en ocho bolas y aplánalas para darles forma de tortita con un espesor de 1 cm o 2 cm.

Calienta una pizca de aceite a fuego medio-bajo en una sartén de fondo grueso. Pon las arepas en la sartén, tápalas y sofríelas a fuego bajo durante 6-7 minutos, o hasta que se doren y se empiecen a chamuscar. Dales la vuelta y mantenlas al fuego hasta que se doren y se empiecen a chamuscar también por el otro lado.

Para servir, recalienta las gírgolas «deshilachadas» a la salsa barbacoa y ponlo todo en la mesa, para que cada comensal se monte su propia arepa. Para prepararlas, corta las arepas, a fin de abrirlas, y rellénalas con las gírgolas y la salsa de colirrábano y mango. Remátalas con las hojas de cilantro.

Si te sobran gírgolas o salsa barbacoa, puedes guardarlas en un recipiente hermético y se conservarán hasta 1 mes en el frigorífico.

Verduras de invierno asadas enteras con pesto de pistachos y alubias blancas

Para 4 personas

Contrariamente a la opinión popular, en esta época del año podemos disfrutar de una amplísima variedad de verduras estacionales, como toda la familia de los *Allium*, las *Brassica*, las raíces y los tubérculos. Todas ellas son excelentes si se asan. También hay calabazas, almacenadas desde otoño, pero que aún están en su mejor momento. Las encuentro sabrosas, llamativas y saciantes. El romanesco, el brócoli, la coliflor y otras *Brassica* florecen cuando hace frío y, al asarlos (preferiblemente hasta que se empiezan a chamuscar ligeramente por los bordes), desarrollan un maravilloso sabor dulce, amargo y umami. Todas estas verduras son fantásticas para un banquete vegetariano y perfectas para una cena festiva en invierno.

En esta receta, las verduras se asan enteras, para que conformen un gran centro de mesa y sustituyan con majestuosidad el asado de pollo o de cordero. Las mitades de limón o de naranja asadas en el horno junto a las verduras desarrollan los aromas ácidos y dulces y son absolutamente exquisitas si luego se exprimen sobre las verduras en el plato. Ni se te ocurra perdértelas.

1 romanesco, brócoli o coliflor enteros

1 calabaza pequeña (sobre unos 500 g), cortada por la mitad, con las semillas retiradas y guardadas para hacer pipas de calabaza molidas (pág. 215)

1 puerro grande

6 dientes de ajo

1 naranja sin encerar, cortada por la mitad

1 limón sin encerar, cortado por la mitad

2-3 ramitas de hierbas resistentes (p. ej., tomillo, mejorana, romero)

1 chorro de aceite de oliva virgen extra, y un poco más para servir

480 g de legumbres cocidas, p. ej., alubias pintas, habas o judías verdes (pág. 155)

1 tanda de pesto con pistachos (pág. 215)

Precalienta el horno a 180 °C.

Lava bien todas las verduras y el ajo y disponlos sobre una bandeja de horno grande, rodeados de los cítricos. Inserta las hierbas aromáticas entre las verduras, riégalo todo con un chorro generoso de aceite y salpimiéntalo. Con papel de horno sin blanquear, cubre y cierra bien la bandeja y métela en el horno durante 1 hora. Luego quita el papel y prolonga la cocción en el horno durante otros 20 minutos o hasta que las verduras estén hechas del todo. Si es necesario, ajusta la temperatura para que, al final de la cocción, los bordes de las verduras estén empezándose a chamuscar. Comprueba el punto de cocción pinchando las verduras con un cuchillo. Si alguna ya está hecha y ha empezado a chamuscarse pero aún hay otras que necesitan algo más de tiempo, sácala del horno mientras las otras acaban de hacerse. Vuelve a meter todas las verduras en el horno unos minutos antes de servirlas, para que estén bien calientes.

Cuando las verduras casi estén, calienta las legumbres y salpimiéntalas. Sírvelas en los platos individuales y alíñalas con aceite de oliva. Pon la fuente de las verduras asadas y un cuchillo de trinchar en el centro de la mesa y haz pasar el cuenco de pesto para que los comensales se vayan sirviendo.

OTRA MANERA
DE HACER ENSALADAS

Invéntate una ensalada

¿Cómo te encuentras?

Elige un ingrediente

¿Te apetece algo ligero y crujiente?

Elige un par de hojas para ensalada
(10 g por persona):
achicoria roja, lechuga romana, lechuga de hoja roja,
dientes de león, hojas de remolacha, tatsoi, etc.

¿Con apetito y hambre?

Elige y cuece un cereal, una
legumbre o una base contundente
(50 g por persona):
espelta, centeno, frikeh, lentejas, legumbres
secas, pasta de trigo integral, etc.

Elige una, dos o tres frutas o verduras de temporada

Experimenta, explora y añade lo que te apetezca, desde albaricoques hasta calabacines
(unos 75 g por persona en total)

¿O lo prefieres crudo?

¿Quieres cocinar?

Brasa, barbacoa, salteado,
blanqueado, asado, etc.

Pica o lamina para obtener texturas interesantes

Crujiente

(una pizca por persona): frutos secos,
semillas, picatostes, cereales inflados, etc.

Un par de hierbas

(2-4 ramitas por personas):
perejil, hojas de apio, orégano, etc.

Algo salvaje

Usa algunos de los ingredientes
más peculiares y maravillosos
de tu despensa (al gusto): algas,
encurtidos, flores comestibles,
especias, brotes, etc.

Elige el aliño

Opta por un aliño sencillo de aceite de oliva virgen extra y vinagre, o prepara uno
más especial (consulta Salsas para untar y aliños, en las págs. 116-117).

¡A remover!

A trocitos

Las frutas y verduras troceadas se pueden incluir en una variedad innumerable de ensaladas que, una vez aliñadas con un poco de jugo de limón y aceite, una vinagreta u otro aliño, se convertirán en un plato único o un acompañamiento maravillosos.

Escribe tu propia receta

Disculpa lo burdo de la analogía, pero escribir recetas es como jugar a una máquina tragaperras de esas con frutas. Empieza eligiendo una, dos o tres frutas o verduras diferentes de las que dispongas y que estén a punto de pasarse o que, por el contrario, estén en su mejor momento. Trocéalas y mézclalas en proporciones distintas. Pruébalas y luego añade unos cuantos ingredientes de tu despensa. La gran mayoría de ellos funcionan bien juntos si se trata de combinaciones sencillas. Y, mientras experimentas, descubrirás inesperados maridajes que te sorprenderán.

Cómo cortar las verduras

Una vez, cuando le pedí consejo mientras preparaba una ensalada, un buen amigo mío, el chef Tito Bergamaschi, me dijo: «¿Cómo quieren los tomates que los cortes?». Y lo decía muy en serio.

Cocinar es un proceso muy intuitivo y se vuelve mucho más placentero cuando lo entendemos así. Las recetas están ahí para que aprendamos de ellas, pero también para que nos inspiren. Si tenemos un tallo vegetal fibroso, hay que cortarlo muy fino y en contra de la fibra, para hacerlo más delicado y fácil de digerir, como los filetes de ternera, mientras que podemos trocear las hojas con las manos, si están frescas y vivas, o picarlas finas si ya se empiezan a rizar o parecen algo pochas.

Por si te lo estabas preguntando, los tomates de Tito querían ser cortados en formas geométricas variadas: trozos grandes, pequeños o enteros, en función del tomate.

Aliños

Experimenta con aceites y vinagres diferentes o prepara algunas de las maravillosas salsas para untar y aliños de este libro (págs. 116-117). Para transformar en aliño una salsa para mojar, solo tienes que añadir un poco más de aceite de oliva virgen extra o de agua antes de ajustar el resto de ingredientes.

Otras cosas

Da rienda suelta a la imaginación y usa una gran variedad de especias molidas, frutos secos, semillas, frutas secas o una pequeña cantidad de legumbres o cereales cocidos.

Cuatro ensaladas de trocitos (en el sentido horario)

1. Ensalada griega: tomate, pepino, cebolla, aceitunas, orégano, aceite de oliva virgen extra
   Extras opcionales: pimientos, alcaparras, *labneh* (como alternativa al queso feta, p. 224).

2. Ensalada californiana: kale, zanahoria rallada, puerro, espelta en grano cocida, pipas de girasol, mostaza, vinagre de vino tinto, aceite de oliva virgen extra.
   Extras opcionales: picatostes de pan de masa madre, flores comestibles, hojas de capuchina, arándanos deshidratados, pipas de calabaza, ajo.

3. Ensalada de invierno troceada: nabo (tubérculo y hojas), achicoria, apio, ruibarbo, naranja, romero, perejil, semillas de cáñamo, aceite de oliva virgen extra, zumo de naranja.

4. Ensalada árabe troceada: pepino, tomates, cebolla roja, menta, perejil, aceite de oliva virgen extra, jugo de limón.
   Extras opcionales: bulgur, pan sin levadura crujiente, judías, garbanzos.

Cereales y legumbres

Estoy seguro de que, a estas alturas, ya te habrás dado cuenta de que soy un forofo de las legumbres, de los cereales y de los pseudocereales, por todos los nutrientes que aportan, tanto a nosotros como a la tierra. Explorar la biodiversidad de las semillas comestibles es una actividad gozosa, fascinante y deliciosa. Si miras con atención, descubrirás la belleza desconocida de las legumbres y de los cereales, cada uno más extraño que el siguiente: desde las motas de las judías pintas hasta la gran variedad de alubias o la forma piramidal de las semillas de trigo sarraceno.

Cocinar las legumbres y los cereales desde cero es una de las cosas más fáciles, satisfactorias, baratas y nutritivas que puedes hacer por ti y por tu dieta. Los domingos, pongo distintas variedades en remojo y las cocino para la semana, de modo que lleno el frigorífico de ingredientes listos para usar y que se pueden convertir en un plato completo en cuestión de minutos. Se tarda menos de un minuto en ponerlas en remojo por la mañana, al igual que en ponerlas a cocer por la noche. Si vas a cocer tú las legumbres, te recomiendo que compres una olla a presión, para reducir los tiempos de cocción.

Brotes y hojas

Los brotes de rabanito son picantes, los de trigo son dulces y los de judías mungo son frescos y sacian la sed. Cada verano, nuestro restaurante, Poco Tapas Bar, viaja a varios festivales de música para alimentar a los asistentes con comida orgánica de calidad y nuestras ensaladas están repletas de brotes de judías, pero no los compramos. Al principio de cada festival, ponemos en remojo entre 5 y 10 kilos de judías verdes, que empiezan a germinar solo unos días después. Esta es nuestra receta:

1   Prepara tu propia maceta de germinación reciclando un tarro grande de mermelada.

2   Enjuaga las legumbres, semillas o cereales por separado en un colador bajo el grifo con agua fría. Pásalos a cuencos independientes y tápalos el triple de agua fría del espacio que ocupan. Déjalos en remojo durante 8 horas o durante su tiempo específico de remojo (consulta el diagrama de la página siguiente) y, si es necesario, añade más agua para garantizar que permanezcan cubiertos. Unos 200 g de legumbres, semillas o cereales producen, aproximadamente, 15 raciones.

3   Escurre las legumbres, semillas o cereales en remojo en un colador y pásalos al recipiente de germinación. Pon la tapa encima, pero no la enrosques. Enjuaga y escurre las legumbres dos veces diarias durante 3-5 días o hasta que estén listas para comer. Una vez tengan el tamaño deseado, cierra bien la tapa, mete el tarro en el frigorífico y úsalas en un plazo de 3-5 días.

Rejuvelac: agua de germinación fermentada

Esta nutritiva bebida fermentada puede tener sabores muy distintos en función del cereal y del agua que se hayan usado (y del ambiente en el que se haya preparado), y tanto puede tener aromas cítricos como recordarnos al queso o al chucrut. También puedes usar el agua de germinación fermentada como base para elaborar yogur vegetal o queso de frutos secos.

Germina 200 g de cereales o legumbres siguiendo la receta anterior. Cuando hayan pasados 2-3 días y los brotes estén empezando a crecer (aprox. 2 mm-3 mm), pásalos a un recipiente o un tarro grande. Añade 1 litro de agua filtrada fría y pon la tapa encima, pero no la enrosques ni la cierres del todo. Deja reposar a temperatura ambiente y al abrigo de la luz solar directa durante 2-3 días o hasta que se empiecen a formar burbujas. Cuando el agua esté preparada, cuela el líquido sobre un recipiente limpio con tapa y guárdalo en el frigorífico hasta que lo necesites. Usa el agua fermentada en un plazo de 2-3 días.

Puedes añadir los brotes a cualquier plato cocinado para darle contundencia y sabor. O, si no, úsalos para hacer una segunda tanda de rejuvelac y luego compóstalos.

ARROZ INTEGRAL
DE GRANO CORTO
25-45 min de cocción

ALFALFA
5 horas en remojo
5 días de germinación

TRIGO SARRACENO
6 horas en remojo
5-7 días de germinación
10 min de cocción

AVENA
8 horas en remojo
2-3 días de germinación
5-10 min de cocción
(sin el remojo)

SEMILLAS DE TRÉBOL
5 horas en remojo
5 días de germinación

TRIGO
6 horas en remojo
5-7 días de germinación

SEMILLAS DE FENOGRECO
6 horas en remojo
5 días de germinación

ESPELTA/CENTENO MEZCLADOS
8 horas en remojo
2-3 días de germinación
40-60 min de cocción o
65-80 min de cocción
(sin el remojo)

GARROFONES
12 horas en remojo
60 min de cocción

JUDÍAS NEGRAS
6 horas en remojo
45-60 min de cocción

ESPELTA
6 horas en remojo
5-7 días de germinación

SEMILLAS DE KALE
5 horas en remojo
5 días de germinación

CENTENO
6 horas en remojo
5-7 días de germinación

SEMILLAS DE MOSTAZA
5 horas en remojo
5 días de germinación

QUÍNOA
3 horas en remojo
24 horas de germinación
12-15 min de cocción (sin el remojo)

PIPAS DE CALABAZA
4 horas en remojo
24 horas de germinación

MIJO
3 horas en remojo
12 horas de germinación
25-35 min de cocción
(sin el remojo)

SEMILLAS DE RABANITO
6 horas en remojo
5 días de germinación

KAMUT
6 horas en remojo
5-7 días de germinación
30-40 min de cocción or
45-60 min de cocción
(sin el remojo)

SEMILLAS DE SÉSAMO
4 horas en remojo
1-2 días de germinación

PIPAS DE GIRASOL
4 horas en remojo
24 horas de germinación

CEBADA
6 horas en remojo
5-7 días de germinación
45-60 min de cocción

JUDÍAS ADZUKI
8-12 horas en remojo
2-4 días de germinación

AMARANTO
3 horas en remojo
24 horas de germinación
15-25 min de cocción

GARBANZOS
8-12 horas en remojo
2-3 días de germinación
1 ½-2 horas de cocción

HABAS
en remojo por la noche
45-60 min de cocción

LENTEJAS
8-12 horas en remojo
2-3 días de germinación
25-30 min de cocción

SEMILLAS DE SOJA
en remojo por la noche
3 horas de cocción

JUDÍAS MUNGO
8-12 horas en remojo
2-5 días de germinación
25 min de cocción (sin el remojo)

GUISANTES
8-12 horas en remojo
2-3 días de germinación
1-1 ½ horas de cocción

GUISANTES PARTIDOS
no necesitan remojo
30-45 min de cocción

Rabanitos soasados con *labneh*, frikeh y hojas de rabanito

Para 2 personas como almuerzo ligero o para 4 personas como acompañamiento

El frikeh es un trigo duro que se recoge verde y al que se prende fuego cuidadosamente para quemar la cáscara, un proceso que da lugar a un grano de sabor maravillosamente ahumado y perfecto para un plato sencillo. Zaytoun vende un delicioso frikeh palestino certificado por Fair for Life, cuyo objetivo de crear un mundo donde el comercio sea un motor de cambio positivo y sostenible para beneficiar tanto a las personas como al medioambiente comparte la alimentación de la raíz al fruto. Aunque esta se centra en frutas y verduras de temporada y de proximidad procedentes de pequeños agricultores, también celebra los alimentos importados que provienen de comunidades, agricultores y productores justos y transparentes, y que usan métodos agroecológicos en todo el mundo.

Las raíces (que incluyen los tubérculos, como la remolacha, la zanahoria o el rabanito) crecen con un plumero de hojas y tallos nutritivos que son tan versátiles como fáciles de preparar, al igual que cualquier otra verdura o hierba de hoja verde. Las hojas de los tubérculos y raíces deberían consumirse, tanto para optimizar la producción de alimentos como para aprovechar al máximo los recursos, la mano de obra y el combustible invertidos en la producción de cada planta. Es muy probable que las raíces y tubérculos que se venden con las hojas sean muy frescos (porque las hojas se mustian rápidamente) y, por lo tanto, que procedan de un agricultor local. Pueden ser más caros que los de cámara, pero el coste se reduce, o incluso se compensa, si se usan las hojas.

---

100 g de frikeh

1 manojo de rabanitos con las hojas

la ralladura y el jugo de ¼ de limón sin encerar

aceite de oliva virgen extra

200 g de *labneh* o de yogur (pág. 224)

1 cda. de aceite de coco o de colza orgánico

1 cdta. de semillas de neguilla

Pon el frikeh en un cazo, cúbrelo con abundante agua y cuécelo durante 15 minutos o hasta que esté al dente. Escúrrelo en un colador y devuélvelo al cazo. Añade las hojas de rabanito, el jugo y la ralladura de limón y un chorro de aceite de oliva virgen extra. Remueve bien, pero con suavidad, y salpimiéntalo al gusto. Pásalo a una fuente para servir y pon el *labneh* o el yogur encima.

Calienta un chorro de aceite a fuego vivo en una sartén de fondo grueso, pero no dejes que humee. Mientras se calienta, corta los rabanitos por la mitad. Mete las mitades en la sartén, sazónalas con una pica de sal y sofríelas durante 1 minuto, hasta que se abran y adquieran un color vivo

Para servir, dispón los rabanitos soasados sobre el *labneh* y espolvoréalos con las semillas de neguilla.

Khao Yum o ensalada de arroz multicolor

Para 4 personas

Descubrí la ensalada tailandesa Khao Yum en el simposio MAD, el festival gastronómico de Noma, en Copenhague. Para desayunar, servimos 600 raciones de este vibrante plato, que cocinamos dirigidos por Palisa Anderson, una cocinera y agricultora orgánica tailandesa residente en Sídney (Australia). El tema del festival era «presta atención a la brecha», con charlas sobre igualdad y equidad. Seguir una dieta que apoye el tratamiento justo de las personas es un elemento clave de la alimentación de la raíz al fruto.

Para el arroz azul

200 g de col roja, en juliana

1 o 2 pizcas de bicarbonato

200 g de arroz basmati integral

Para el aliño umami (unos 200 ml)

3 g de alga kelp seca

1 cda. de tamari

1 hongo shiitake

½ cdta. de vinagre de arroz (o de vino blanco)

1 diente de ajo pequeño, majado

½ cda. de miso (pág. 223)

1 cda. de tofu encurtido, opcional

Para la ensalada

100 g de cada de 3 verduras de temporada (p. ej., kale, brócoli morado germinado, zanahorias, judías verdes germinadas, judías verdes, calabaza, etc.), en juliana

8 cdas. de coco en escamas, tostadas en una sartén sin aceite durante 5 minutos o hasta que se doren

2 tallos de hierba limón, picados finos

1 pomelo, pelado y en juliana o en dados

16 hojas de lima kaffir, picadas finas

Para servir

chile en escamas, lima sin encerar, flores comestibles (opcionales), como las flores de Brassica *de la imagen*

Para preparar el arroz azul, lleva a ebullición 800 ml de agua en una cazuela de acero inoxidable. Incorpora la col roja y hiérvela a fuego lento durante 5 minutos. Cuélala y reserva el agua de cocción en un cuenco de cerámica. Pasa la col a un plato y resérvala. Añade una pizca de bicarbonato al agua de cocción y remuévela para que se disuelva, mientras observas cómo el agua se empieza a volver azul. Agrega una segunda pizca de bicarbonato y repite el proceso, si es necesario, hasta que el agua haya adquirido un color azul intenso. Comprueba el color pasando una cucharada del agua a un plato blanco, para que puedas ver con claridad su tono. Si añades demasiado bicarbonato, se volverá verde. Si te sucede esto, agrega un poco de vinagre para recuperar el azul.

Para cocer el arroz, pasa el agua azul a una cazuela e incorpora el arroz. Llévalo a ebullición a fuego medio, tapa el cazo y baja el fuego al mínimo. Cuécelo durante unos 10 minutos o hasta que el arroz esté hecho o se haya evaporado todo el líquido. Apártalo del fuego y pasa el arroz a un colador. Deja que se enfríe mientras preparas el aliño.

Para el aliño, mezcla todos los ingredientes en una jarra. Añade 135 ml de agua y deja reposar la combinación durante 30 minutos. Luego pásala a una batidora y bátela hasta que obtengas un líquido suave y sin trozos. Métela en el frigorífico hasta que lo necesites.

Para montar la ensalada, pon cucharadas de arroz en el centro de cada plato y rodéalo con montoncitos de verduras crudas y col roja blanqueada. Espolvorea los platos con el coco en escamas, la hierba limón, el pomelo y las hojas de lima. Sirve el aliño, el chile en escamas y las cuñas de lima por separado. La ensalada se aliña y remueve en la mesa.

Verduras de primavera asadas
con mayonesa de mostaza lactofermentada

Para 4-6 personas como acompañamiento

Al asarla, la col se convierte en un producto absolutamente diferente: intenso, caramelizado y exótico. También es muy fácil de preparar y transforma lo que de otro modo sería un plato normal y corriente en algo muy especial. Ideé este plato para un almuerzo de celebración, pero también funciona perfectamente como cena.

La mostaza lactofermentada necesita unos días para fermentar, pero es increíblemente fácil de preparar y puede conservarse de manera indefinida en el frigorífico en un recipiente hermético. Si la preparas tú, ahorrarás dinero y envases, con el beneficio añadido de que es muy nutritiva y rebosa probióticos. La mostaza a la antigua normal también encaja a la perfección en la receta, pero tendrá menos rocanrol.

Para las verduras de invierno asadas

1 col de Saboya, en cuartos

1 limón sin encerar, en cuñas

2 cdas. de aceite de coco o de colza orgánico

1 cda. de mayonesa de aquafaba (pág. 215)

1 cda. de melaza

2 cdas. de mostaza lactofermentada (abajo) o de mostaza a la antigua

Para la mostaza lactofermentada (unos 400 g)

1 cdta. de sal marina

75 g de semillas de mostaza marrón

75 g de semillas de mostaza amarilla

100 ml de vinagre de manzana (pág. 223)

Para preparar la mostaza lactofermentada, pon 200 ml de agua en un cuenco de cerámica o de vidrio, añade la sal y remuévela hasta que se haya disuelto. Incorpora las semillas de mostaza, cubre el cuenco con un paño limpio y déjalo reposar en una zona templada de la cocina durante 4 días, para que así fermente.

Pasa la mitad de las semillas de mostaza fermentadas a una batidora y tritúralas hasta que obtengas una pasta gruesa. Añade el resto de las semillas de mostaza y el vinagre y tritura durante solo 1 segundo, para que se mezcle todo bien. Pasa la mostaza a un tarro esterilizado hermético y guárdala en el frigorífico.

Para las verduras asadas, precalienta el horno a 220 °C y mete una bandeja dentro, para que se caliente también.

Coloca la col y las cuñas de limón sobre la bandeja, con la cara cortada hacia abajo, y rocíalas con aceite. Ásalas durante 20 minutos o hasta que los bordes de la col empiecen a chamuscarse. Da la vuelta a las cuñas.

Prepara la mayonesa de mostaza mezclando la mayonesa con la melaza y 2 cucharadas de mostaza. Sírvela junto a la col y el limón.

Colirrábano con kumquats a la plancha y espaguetis marinos

Para 2 personas

El colirrábano es una verdura refrescante, crujiente y exótica y una alternativa deliciosa a otras verduras de invierno más habituales. Toda la planta es comestible, incluyendo la piel y las amplias hojas. Lo puedes hervir, freír, asar o cocer. Y también lo puedes comer crudo, en láminas finas, como en esta refrescante ensalada. Los kumquats asados y las algas, que aportan umami, añaden un sabor explosivo.

12 kumquats sin encerar (o 2 clementinas sin encerar)

1 colirrábano, con las hojas si es posible

1 chorro de aceite de oliva virgen extra

6 g de espaguetis marinos (u otra alga), en remojo durante 10 minutos y luego escurridas

1 o 2 frondas de hinojo, zanahoria o eneldo, deshojadas y con los tallos picados finos

60 g de coquitos de Brasil, picados gruesos

Exprime cuatro kumquats (o media clementina) y reserva el jugo.

Calienta una plancha o una sartén de fondo grueso a fuego alto. Corta el resto de kumquats por la mitad (o, si usas clementinas, corta una por la mitad y luego en rodajas de 1 cm de grosor). Dispón los cítricos con la pulpa hacia abajo en la plancha caliente y resiste la tentación de tocarlos hasta que estén chamuscados. Retíralos de la plancha y resérvalos.

Arranca las hojas del colirrábano y córtalas en juliana con los tallos. Parte en dos el colirrábano y luego corta un par de láminas finísimas. Prueba una: si la piel es demasiado espesa y fibrosa, pélala y compóstala; si no, déjala y corta en rodajas el resto del colirrábano.

Mete las rodajas de colirrábano y las hojas y los tallos en juliana en una ensaladera y riégalos con el jugo de cítricos y un chorro de aceite. Añade las algas y los tallos finamente picados de las hierbas aromáticas. Remueve bien la ensalada y sírvela en una fuente, con los coquitos de Brasil espolvoreados por encima y coronada con los cítricos a la plancha y las hojas de las hierbas aromáticas.

Brócoli germinado y clementinas a la brasa

Para 6 personas

A principios de primavera, cuando hay menos productos de temporada entre los que elegir, el brócoli morado germinado puede ser nuestra salvación. Es exótico, delicioso y versátil y, aquí, he maximizado su sabor haciéndolo a la brasa en una barbacoa o una plancha, para darle un aroma deliciosamente amargo que encaja a la perfección con el sabor entre dulce y salado de la pimienta de Alepo en escamas.

La pimienta de Alepo se prepara con pimientos Halaby, o de Alepo, que son suaves y puntúan aproximadamente 10 000 en la escala Scoville de picor. Su suavidad permite usarla con generosidad en los platos, a los que añade muchísimo sabor además de un color rojo encendido. La pimienta de Alepo se elaboraba tradicionalmente en Siria y se vendía en Alepo, que está en la célebre ruta de las especias. Aunque, por desgracia, el conflicto sirio ha acabado prácticamente con las cosechas y el comercio allí, la especia sigue disponible en otros lugares. Es un ingrediente maravilloso que celebra un país y una cocina extraordinarios.

500 g de brócoli morado germinado, con los tallos largos cortados longitudinalmente por la mitad

2-4 cdas. de aceite de oliva virgen extra

4 clementinas sin encerar

3 vainas de cardamomo, desgranadas y con las semillas molidas en un mortero

2 cdtas. de pimienta de Alepo (o de otro tipo) en escamas

Precalienta una plancha o una barbacoa a fuego medio.

Mientras, riega el brócoli con aceite de oliva, remuévelo bien y sazónalo. Ásalo por todas las caras hasta que se chamusque ligeramente y luego mételo en un cuenco con tapa, para que se siga cociendo en su propio vapor.

Corta tres clementinas en rodajas de 5-10 mm de grosor. Deja la piel si son orgánicas y pélalas si no lo son. Ponlas sobre la plancha o la barbacoa calientes y ásalas 1-2 minutos por cada cara hasta que queden un poco chamuscadas.

Añade las clementinas a la plancha al cuenco con el brócoli germinado y condiméntalos con el cardamomo, la mitad de la pimienta en escamas, sal y un chorro de jugo de clementina. Remueve bien la ensalada y sírvela en una fuente, con el resto de la pimienta en escamas espolvoreada por encima.

Ensalada con pesto de hojas de zanahoria e hinojo

Para 4 personas

Las hojas de zanahoria son un ingrediente nutritivo y versátil que puede sustituir a las hierbas aromáticas de cualquier plato, además de ser una guarnición elegante. Solas tienen un sabor algo amargo, por lo que me gusta usarlas en pequeñas cantidades y combinadas con otras hierbas. Aquí las he usado en mi propia versión de pesto. Las hojas verdes amargas, como las de zanahoria, añaden gran profundidad a los platos, facilitan la digestión y contienen fitonutrientes que se cree que son beneficiosos para la salud. Las hojas de zanahoria tienen seis veces más vitamina C que la raíz y son una fuente de potasio y de calcio fantástica. También contienen vitamina K, de la que carece la raíz y es vital para la salud de los huesos.

Para el pesto de hojas de zanahoria e hinojo (unos 130 g)

25 g de hojas de zanahoria, y un poco más para la guarnición

25 g de hojas de hinojo o de otras hierbas

1 diente de ajo pequeño, picado fino

75 ml de aceite de oliva virgen extra

la ralladura y el jugo de ¼ de limón sin encerar

1 cdta. colmada de avellanas o de migas de pan

1 cda. de levadura nutricional, opcional

Para la ensalada

250 g de zanahorias, laminadas tan finas como sea posible con un cuchillo o una mandolina

1 bulbo de hinojo (o colirrábano), laminado tan fino como sea posible con un cuchillo o una mandolina

½ naranja sin encerar, con la piel rallada y la pulpa cortada en rodajas de aproximadamente 5 mm de grosor

Para el pesto, lava las hojas con agua abundante y asegúrate de eliminar todos los restos de tierra o arena. Sacúdelas para secarlas y retira los tallos muy gruesos o casi leñosos. Haz un manojo con todas las hojas de zanahoria y de otras plantas o hierbas y pícalas finas con un cuchillo, desde la base del tallo hasta la punta de las hojas. Pon las hierbas troceadas en un robot de cocina, añade el resto de los ingredientes del pesto y tritúralo hasta que obtengas una textura gruesa pero uniforme. Usa el pesto de inmediato o guárdalo en un recipiente hermético en el frigorífico, donde se conservará hasta 1 semana.

Para la ensalada, mezcla las láminas de zanahoria y de hinojo con el pesto y las rodajas de naranja en un cuenco grande. Pasa estos ingredientes a una ensaladera, añade unas cuantas hojas de zanahoria como guarnición y espolvorea la ralladura de naranja por encima.

Calabacines carbonizados con sus hojas y flores

Para 4 personas

Puedes preparar esta receta en una plancha en la cocina o en un fuego abierto. La inventé como almuerzo para el personal, mientras nos preparábamos para un evento en una cocina de campo. Está inspirada en la clásica salsa de berenjena para mojar, el *baba ganoush*. Chamusca los calabacines sobre brasas o en el fogón hasta que queden tiernos y ahumados por dentro, pero no deseches el exterior carbonizado. Los sabores amargos resultan deliciosos cuando se mezclan en la ensalada con la salsa tahini. Es una receta ideal para usar calabacines que se están empezando a pasar, porque todo el exterior se quema y queda negro y todos los defectos a la vista desaparecen.

4 calabacines medianos

100 g de hojas de calabacín (o espinacas)

aceite de oliva virgen extra, para pintar

100 ml de salsa tahini (pág. 118) o de yogur (pág. 224)

2 cdas. de jarabe de arce u otro edulcorante

la ralladura y el jugo de ¼ de limón sin encerar

2 flores de calabacín (u otras flores comestibles), opcionales

Enciende una barbacoa de carbón y deja que el carbón se vuelva blanco y luego se enfríe un poco, o en su lugar calienta una plancha a fuego medio-alto.

Pon los calabacines enteros en la barbacoa o la plancha y espera a que se ennegrezcan para darles la vuelta hasta que estén carbonizados por todos los lados.

Mientras, pinta las hojas de calabacín o las espinacas con el aceite y hazlas a la brasa o a la plancha, junto a los calabacines, durante unos minutos.

Retira los calabacines y las hojas de calabacín del fuego y córtalo todo en trozos grandes con un cuchillo. Aplástalo todo con suavidad con las manos y salpimiéntalo con generosidad.

Pasa el puré de calabacín a una fuente y salpícalo (como si fueras Jackson Pollock) con la salsa tahini (o de yogur). Riégalo luego con el edulcorante y esparce la ralladura de limón por encima. Trocea las flores (si has decidido usarlas) y colócalas encima. Sirve el plato.

Tabulé de cerezas y trigo sarraceno

Para 4 personas como acompañamiento o para 2 personas como plato ligero

La leve acidez de las dulces cerezas de color rojo rubí funciona muy bien combinada con sabores salados y profundos. Solo están de temporada unas semanas, así que sácales el máximo partido e inclúyelas en platos de todo tipo, tanto dulces como salados. El tabulé se acostumbra a hacer con tomate, pero en esta versión lo he sustituido por cerezas, una alternativa interesante y deliciosa que es al mismo tiempo dulce, ácida y jugosa. Su temporada llega justo antes que la de los tomates (cuando estos no son de invernadero), por lo que son una buena alternativa mientras esperamos a que lleguen los mejores tomates.

El trigo sarraceno es una alternativa deliciosa y sin gluten a los cereales habituales, como el trigo o la cebada. Tiene un periodo de crecimiento muy corto y se puede cosechar en tan solo 8-12 semanas. Crece bien en suelos pobres y atrae a polinizadores y a insectos beneficiosos. Se puede plantar entre cultivos en un sistema de rotación porque mejora el suelo: reduce las malas hierbas y previene la erosión del suelo y la pérdida de nutrientes. Tiene un aroma a frutos secos que le va muy bien a las ensaladas con verduras frescas o, transformado en harina, es perfecto para hacer masas para hornear (pág. 231) o tortitas (pág. 58). En esta receta, el trigo sarraceno se pone en remojo y luego se tuesta, para que quede crujiente y acentuar así las notas redondas a frutos secos.

50 g de trigo sarraceno

300 g de cerezas, deshuesadas y cortadas en cuartos (o tomates cherry)

2 cebollas tiernas, en rodajas finas, desde la parte superior hasta el extremo

4 rabanitos, lavados muy bien, y en láminas finas, incluyendo las hojas

50 g de pepino, en dados pequeños-medianos

40 g de perejil, con las hojas picadas gruesas y los tallos picados finos

1 cda. de sirope de dátiles u otro edulcorante

la ralladura y el jugo de ¼ de limón sin encerar

Pon el trigo sarraceno en un cuenco y cúbrelo con una cantidad generosa de agua fría. Déjalo en remojo durante 20 minutos y escúrrelo. Pásalo a una sartén sin aceite y tuéstalo a fuego medio durante unos 5 minutos o hasta que los granos se vuelvan crujientes. Retíralos del fuego y deja que se enfríen.

Echa el trigo sarraceno tostado en una ensaladera para servir, añade el resto de los ingredientes y remuévelos bien. Salpimienta la ensalada al gusto.

Ensalada de farro, albaricoques, habas y algas

Para 2 personas como plato principal o para 4-6 personas como acompañamiento

El llamativo color naranja de los albaricoques destaca sobre las oscuras algas ricas en hierro en esta ensalada multicolor que rebosa de una deliciosa fusión de sabores distintos.

El farro es un ancestro del trigo candeal y fue uno de los primeros cereales que cultivaron los seres humanos. Es muy sabroso y tanto se puede moler a fin de obtener harina para hornear como usar entero en sopas, guisos o ensaladas. En esta receta puedes sustituirlo por otros cereales, como amaranto, fonio, mijo, quínoa, centeno, espelta o teff, a los que puedes añadir otras frutas o verduras de temporada en una serie infinita de combinaciones de color. Los cereales de gran densidad nutricional, como estos, tardan un poco más en hacerse, por lo que valora la posibilidad de cocerlos en cantidades grandes, para ahorrar energía. Se conservarán en el frigorífico hasta 5 días en un recipiente hermético y se pueden usar para sustituir el arroz, las patatas u otros carbohidratos en cualquier plato o ensalada.

150 g de farro u otro cereal

80 de coquitos de Brasil (u otro fruto seco)

2 cdas. de jarabe de arce u otro edulcorante

200 g de habas (peso una vez desgranadas, unos 500 g con las vainas)

8 albaricoques, cortados por la mitad, deshuesados y luego desmenuzados con las manos en trozos grandes

6 g de algas hijiki (o de otro tipo), en remojo en agua fría durante 10 minutos y luego escurridas

50 g de judías germinadas (pág. 154), opcionales

4 ramitas de menta, deshojadas y con los tallos picados finos

4 ramitas de menta, con las hojas picadas gruesas y los tallos picados finos

2 cdas. de aceite de oliva virgen extra

la ralladura y el jugo de ¼ de limón sin encerar

pétalos de caléndula o de otra flor comestible, para servir, opcionales

Pon el farro (o el cereal que hayas elegido) en una cazuela mediana, tápalo con tres veces su cantidad en agua y llévalo a ebullición. Déjalo hervir a fuego lento durante 1-1 ½ horas tapado, hasta que esté al dente, y añade más agua si es necesario. (En la tabla de la página 155 puedes consultar los tiempos de cocción de otros cereales.) Escúrrelo y deja que se enfríe.

Calienta a fuego medio los frutos secos en una sartén sin aceite hasta que se tuesten ligeramente. Añade 1 cucharada de jarabe de arce y una pizca de sal. Retíralos del fuego y resérvalos.

Prueba las habas. Si son lo suficientemente tiernas, déjalas crudas. Si no, blanquéalas en un cazo grande con agua hirviendo y sal durante 2 minutos y escúrrelas.

Mezcla todos los ingredientes en una ensaladera, reservando la mitad de los frutos secos, los albaricoques, las algas y los pétalos, que espolvorearás sobre la ensalada acabada.

Cogollos de lechuga y uva espina
a la plancha con palomitas de maíz

Para 6 personas como acompañamiento generoso o como primer plato

Una plancha o una barbacoa calientes pueden transformar una anodina lechuga en algo extraordinariamente apetitoso. La cocción endulza las hojas, que entonces complementan el amargor de los bordes chamuscados en lo que resulta un conjunto muy armonioso. Para esta ensalada, elige uvas espinas más bien verdes, porque conservarán mejor la forma y aportarán deliciosas notas ácidas. Las palomitas de maíz funcionan aquí como pequeños picatostes y absorben la humedad al tiempo que añaden una textura única.

El origen biológico del maíz fue un misterio hasta que George Beadle descubrió que tenía unos cromosomas muy parecidos a los de una hierba corta mexicana llamada teosinte. Como parte de su análisis, también descubrió que los durísimos granos de teosinte explotan igual que las palomitas modernas. Se cree que los pueblos antiguos disfrutaban de las palomitas de maíz igual que nosotros lo hacemos ahora y que calentaban los granos en una cazuela de cerámica tapada hasta que explotaban y, así, se transformaban de ingrediente incomible en algo para chuparse los dedos.

100 uvas espinas verdes

3 cogollos de lechuga (o endibias), en cuñas

aceite de coco o de colza orgánico

10 g de granos de maíz

4 frondas de hinojo, zanahoria o eneldo, deshojadas y con los tallos picados finos

1 cda. de sirope de arce o de otro edulcorante

aceite de oliva virgen extra

flores comestibles para decorar, opcionales

Enciende una barbacoa de carbón y deja que el carbón se vuelva blanco y luego se enfríe un poco, o bien calienta una plancha a fuego alto.

Si usas una barbacoa, ensarta las uvas espinas en una brocheta o en un pincho y ásalas durante 1 minuto por cada lado o hasta que adquieran un poco de color. Si te decantas por una plancha, soásalas por todas las caras, retíralas de la sartén y resérvalas.

Pon las cuñas de cogollo (o de endibia) en una plancha y ásalas durante 2 o 3 minutos por cada lado, para que se chamusquen pero sigan crudas.

Calienta un chorro de aceite de coco o de colza orgánico en una sartén pequeña con tapa a fuego alto. Añade un par de granos de maíz, tapa y espera a que uno estalle. Cuando lo oigas, incorpora el resto de granos y vuelve a tapar la sartén. Sacude ligeramente la sartén y espera a que estallen todos los granos de maíz. Cuando el sonido casi haya remitido, retira la sartén del fuego y pasa las palomitas a un cuenco.

Construye la ensalada sobre una gran fuente. Dispón los cogollos (o endibias) a la brasa en la base, esparce por encima las palomitas de maíz y las uvas espinas y espolvorea las hierbas aromáticas por encima. Remátala con un chorro de sirope, aceite de oliva virgen extra y, si lo deseas, flores comestibles.

Ensalada de frambuesas y tomate

Para 4 personas como acompañamiento

Soy miembro de Chef Manifesto, una organización internacional de cocineros que defiende un sistema alimentario mejor. Gracias a ella, he tenido el placer de cocinar con chefs de todo el mundo, como el británico Merlin Labron-Johnson, galardonado con una estrella Michelin. Cada vez que nos reunimos, cocinamos e ideamos platos a partir de los productos de temporada disponibles en cada momento. En uno de estos eventos, Merlin creó una ensalada con frambuesas y tomates. Esta receta está inspirada en él y honra dos puntos de nuestro manifiesto: «Celebrar los productos locales y de temporada» y «Centrarse en los vegetales como ingredientes principales».

Cocinar con amor, con seguridad y con creatividad es uno de los elementos clave del manifiesto «De la raíz al fruto». Mientras editábamos el libro, el equipo y yo nos esforzamos en ser creativos con las imágenes y en divertirnos con la presentación. Tardé 45 minutos en emplatar esta receta. Por supuesto, el plato sería igualmente delicioso si lo pusiéramos todo junto en un par de minutos. La idea es que te diviertas con la comida, sea lo que sea lo que estés preparando, y que recuerdes que no hay normas. No hay aciertos ni errores. Todas las recetas de este libro se pueden adaptar y acoplar a tu genio creativo y a tu imaginación en la cocina. Confiar en ti y crear tus propias recetas a partir de lo que tengas en la cocina es una manera segura de comer mejor.

300 g de tomates de variedades tradicionales

1 cesto de frambuesas

1 cdta. de vinagre de kombucha (pág. 217) o de otro tipo

1 chorro de aceite de oliva virgen extra o de otro tipo

cualesquier hierba o flores recogidas en el campo y/o comestibles (p. ej., hierbaluisa, milenrama, caléndula), opcional

Corta los tomates en trozos de distintos tamaños, en función de cómo te parezca que hay que partirlos. Trocea las frambuesas longitudinalmente por la mitad.

Deposita los tomates y las frambuesas en una fuente y alíñalos con el vinagre y un poco de aceite de oliva virgen extra. Espolvorea las hierbas y las flores (si has decidido usarlas), y sazona la ensalada.

Manzanas y nabos asados con yogur y pimienta de Cayena

Para 4 personas como parte de una comida principal

A los cerdos les encantan, ¿por qué no nos iban a gustar a nosotros? Las manzanas y los nabos encajan muy bien. El sabor dulce y similar al pimiento del nabo complementa al ácido de la manzana verde, que una vez asada explota, intensifica su sabor y se convierte en salsa. Me gusta preparar ensaladas como esta, con verduras cocinadas y un aliño contundente. Estará tan deliciosa si la sirves fría al día siguiente como si la disfrutas caliente, recién salida del horno.

Los yogures vegetales son una alternativa interesante a los lácteos y se pueden elaborar con una amplia variedad de ingredientes distintos como la soja, el coco o las almendras. En esta receta he usado mi propio yogur vegetal, que encontrarás en la página 224, para ahorrarme tanto envases como ingredientes cuestionables. Es barato, fácil de hacer, nutritivo, probiótico y saciante.

4 nabos con hojas

1 o 2 chorros de aceite de oliva virgen extra

2 manzanas para cocinar (p. ej., Bramley, Pippin), en octavos y sin el corazón

6 ramitas de orégano o de tomillo

150 g de yogur (pág. 224)

1 pizca de pimienta de Cayena

Precalienta el horno a 180 °C.

Lava los nabos y retira las hojas y los tallos. Corta la raíz en cuñas del mismo tamaño que las de manzana. Parte las hojas y los tallos en trozos grandes, alíñalos con un poco de aceite de oliva y resérvalos.

Pon las cuñas de nabo en una bandeja de horno, añade las hierbas aromáticas, riégalas con un chorrito de aceite de oliva, agrega una pizca de sal y remueve las cuñas para que se impregnen. Ásalas durante 20 minutos o hasta que se empiecen a carbonizar por los bordes. Luego añade las manzanas y vuelve a meter la bandeja en el horno durante otros 20 minutos. Para terminar, incorpora las hojas y los tallos y mételo todo en el horno durante otros 5-10 minutos o hasta que se hayan pochado.

Sirve en la misma bandeja, con cucharadas de yogur por encima y pimienta de Cayena espolvoreada. Disfruta de la ensalada fría o caliente.

Pera y achicoria roja asadas con flores de verano secas

Para 4 personas como acompañamiento o como primer plato

Esta era una de las recetas que más me gustaba preparar en nuestro restaurante Poco, en Bristol, cuando abrimos las puertas en 2011. Después de hacer un breve *stage* en el restaurante Noma, de Rene Redzepi, en Copenhague, modifiqué la receta original para que incluyera flores comestibles. El equipo de Redzepi las usaba en abundancia para decorar muchos de los platos basados en vegetales que preparé mientras estuve allí.

Las flores comestibles son más escasas en otoño pero, hasta las primeras heladas, las capuchinas de color naranja o amarillo brillante son perfectas. Cuando empiezan las heladas, salen a escena los bellos, y aún así resistentes, pensamientos. Si quieres usar flores comestibles en invierno, quizá tengas que esperar a que broten las primeras prímulas o, si eres previsor, puedes secar y conservar flores de verano con mucha facilidad. Solo tienes que retirar los tallos y dejarlas al sol o en un espacio cálido hasta que se sequen completamente, o también puedes prensarlas en el interior de libros. Una vez secas, guárdalas en un recipiente hermético.

Este plato es deliciosamente otoñal. Asar las peras saca a la luz sus tonalidades bronce y las hace brillar casi como el oro. Si las acompañas de flores comestibles, obtendrás un plato perfecto para una mesa festiva.

2 peras conferencia firmes
1 achicoria roja pequeña
1 chorro de aceite de oliva virgen extra
3 ramitas de orégano, con las hojas y las flores separadas
1 cdta. de pimienta de Alepo o de chile en escamas, opcional
flores comestibles, opcionales
jarabe de arce, u otro edulcorante, para servir

Precalienta el horno a 180 °C.

Corta cada pera en seis cuñas y retira el corazón, que no es comestible. Corta la achicoria en ocho cuñas.

Deposita la pera y la achicoria en una fuente de horno, riégalas con aceite de oliva y salpiméntalas. Ásalas durante 35 minutos o hasta que se empiecen a ablandar y a tostar.

Sírvelas en una fuente, condimentadas con orégano, pimienta de Alepo o escamas de chile y flores comestibles, si has decidido usarlas, y un chorrito de edulcorante.

Borani de hojas de remolacha con remolacha asada y moras

Para 4 personas como tentempié o para 2 personas como primer plato, con pan

El *borani* es una salsa para untar iraní y, aunque normalmente se elabora con yogur y espinacas, se puede adaptar a la mayoría de verduras. Aquí, los tallos de remolacha actúan como tinte vegetal natural y otorgan al *borani* un intenso color rosa. La salsa se prepara en cuestión de minutos y está deliciosa con pan o verduras crudas o, aún mejor, transformada en una ensalada multicolor. Las hojas y tallos de remolacha son una de mis verduras de hoja verde preferidas. Pertenecen a la familia de las acelgas y tienen un aspecto y un sabor casi idénticos, sutil pero más terroso y nutritivo. Pueden sustituir a cualquier verdura en todo tipo de recetas. Y las hojas, más nutritivas que la propia raíz, son ricas en vitaminas A y K. Cada ración te proporcionará una cuarta parte de la cantidad diaria recomendada de magnesio, que suele escasear en las dietas modernas.

La mejor manera de guardar la remolacha es retirarle los tallos y las hojas al llegar a casa, cortándolos a aproximadamente 1 cm de la raíz y metiéndolos en un recipiente hermético en el frigorífico, o derechos en un vaso de agua. Guarda las raíces en un cajón o armario oscuro.

4 remolachas pequeñas-medianas, con las hojas (o 4 remolachas y 120 g de acelgas rubí)

aceite de oliva virgen extra, para aliñar

1 diente de ajo pequeño, majado hasta convertirlo en pasta

100 g de yogur (pág. 224)

la ralladura y el jugo de ¼ de naranja sin encerar

150 g de moras negras

40 g de nueces, en trozos gruesos

Precalienta el horno a 180 °C.

Corta las hojas de las remolachas y resérvalas. Trocea las raíces en forma de cuñas y deposítalas en una bandeja de horno. Riégalas con el aceite de oliva y ásalas durante 55 minutos o hasta que las notes blandas al pincharlas con un cuchillo. Sácalas del horno y resérvalas.

Para el *borani*, corta en juliana las hojas y los tallos de remolacha o las acelgas. Calienta un chorro de aceite a fuego bajo en una sartén de fondo grueso, añade las hojas de verdura y sazónalas. Tapa la sartén y sofríe la verdura durante 2 minutos. Remuévela con rapidez, vuelve a tapar la sartén y prolonga el sofrito 1 minuto más. Quita la tapa, incorpora la mitad del ajo y sigue removiendo hasta que la mayoría de los jugos se hayan evaporado. Retira la sartén del fuego y pasa las hojas a un cuenco.

Incorpora el yogur, el resto del ajo y el jugo de naranja, salpimienta el resultado y remuévelo.

Con una cuchara, pasa el *borani* a una bandeja, pon encima la remolacha asada y las moras y espolvorea encima la ralladura de piel de naranja. Esparce la nuez troceada por encima y aliña el plato con aceite.

Ensalada de quínoa ahumada con calabaza, ciruelas y almendras

Para 2 personas como plato principal o para 4-6 personas como acompañamiento

Todos los años hago demostraciones de cocina en festivales gastronómicos y mis recetas cambian a medida que lo hacen las estaciones, porque uso los mejores productos disponibles en la región en que esté en ese momento. La primera vez que elaboré esta receta fue en The Good Life Experience, celebrado en el norte de Gales en septiembre. El recinto del festival está rodeado de árboles frutales y de campos de calabazas, por lo que coseché manzanas, peras y calabazas para añadirlas a la receta, que acabó siendo aún más sabrosa de lo que lo era originalmente.

Este plato de colores otoñales saca el máximo partido a lo que hay disponible. Siguiendo el espíritu con el que concebí la receta, te animo a que busques los mejores frutos secos, cereales, frutas y verduras que tu región pueda ofrecer y los incluyas aquí.

Las almendras son un fruto seco nutritivo, cargado de antioxidantes y que recientemente ha adquirido la mala reputación de necesitar mucha agua. El 80 por ciento de las almendras se cultivan en California, donde la sequía y la escasez de agua son problemas graves. Sin embargo, las almendras palestinas que importa Zaytoun, una empresa certificada por Fairtrade, son una variedad nativa de gran tamaño que apenas necesita irrigación. Son muy apreciadas, pero también muy caras, por lo que úsalas en pequeñas cantidades.

400 g de calabaza, en dados de 3-4 cm, con la piel

aceite de oliva virgen extra

3 ciruelas (unos 300 g en total), deshuesadas y en cuartos

1 manzana de postre, en cuñas

75 g de quínoa ahumada o normal

75 g de quínoa roja, negra o blanca

100 g de almendras o de nueces, majadas ligeramente

6 g de wakami o de otra alga, en remojo en agua fría durante 10 minutos y luego escurrida

16 g de ramitas de hierbas aromáticas blandas (p. ej., menta, perejil, milenrama, etc.) deshojadas, con los tallos picados finos y las hojas troceadas gruesas

la ralladura y el jugo de ¼ de limón sin encerar

1 chorro de sirope de arce o de otro edulcorante

Precalienta el horno a 180 °C.

Coloca los dados de calabaza en una bandeja de horno, riégalos con aceite de oliva, remuévelos para que se unten bien y ásalos durante 45 minutos o hasta que se empiecen a chamuscar. Saca la bandeja del horno y deja que la calabaza se enfríe.

Mientras, pon las ciruelas y las cuñas de manzana en otra bandeja de horno, riégalas con otro chorro de aceite, remuévelas y ásalas durante 15 minutos o hasta que se hayan hecho del todo y se empiecen a caramelizar. Luego sácalas del horno y deja que se enfríen.

Pon las dos variedades de quínoa en una cazuela, cúbrelas con abundante agua fría, llévalas a ebullición y hiérvelas durante 15 minutos o hasta que los pequeños brotes empiecen a abrirse. Escúrrela y resérvala para que se enfríe.

Para servir la ensalada, mezcla todos los ingredientes en un cuenco o en una fuente.

Calabaza y apio asados con cerezas ácidas, coquitos de Brasil y alioli a mi manera

Para 4 personas

Este plato es un buen ejemplo de lo creativo que se puede llegar a ser a la hora de preparar una ensalada. Si dejamos a un lado las normas acerca de los ingredientes que se pueden usar en las ensaladas o de cómo se han de preparar, podemos dar rienda suelta a la creatividad y a la imaginación. La próxima vez que tengas una verdura que necesites usar, prepara una ensalada templada con ella y con dos o tres ingredientes más que encuentres en tu despensa. Las verduras asadas tienen un sabor más intenso, dulce y apetecible.

Los coquitos de Brasil solo crecen en la selva, lo que significa que el área donde se cultivan ha de estar protegida de la deforestación. Para potenciar unas mejores prácticas, compra frutos secos orgánicos y con certificación de Fairtrade o de comercio justo. En la página 238 encontrarás más información al respecto.

600 g de calabaza, en cuñas, con la piel

6 tallos de apio, en trozos de 5 cm de longitud, con las hojas y la base guardadas

1 chorro de aceite de oliva virgen extra

60 g de cerezas ácidas secas

80 g de coquitos de Brasil, majados ligeramente

Para el alioli a mi manera

100 ml de yogur (pág. 224)

1 diente de ajo pequeño, majado hasta convertirlo en una pasta

1 chorro de aceite de oliva virgen extra

la ralladura y el jugo de ¼ de limón sin encerar

Precalienta el horno a 220 °C.

Coloca las cuñas de calabaza y el apio en una bandeja de horno, riégalos con aceite y ásalos durante 30-40 minutos, o hasta que se empiecen a poner negros por los bordes.

Mientras tanto, prepara el alioli. En un cuenco, mezcla bien el yogur con el ajo, un chorro de aceite de oliva virgen extra y la ralladura y el jugo de limón.

Sirve la calabaza y el apio en la bandeja de horno, con cucharadas del alioli de yogur por encima, y las hojas de apio que has guardado, las cerezas y los coquitos de Brasil esparcidos.

Dukkah con coles de Bruselas asadas

Para 4 personas

El *dukkah* es una salsa para mojar egipcia. Tradicionalmente se prepara con avellanas, semillas de sésamo, comino y menta seca, pero se puede hacer con cualquier combinación de frutos secos tostados, semillas y especias. Adapta la receta a los ingredientes de este tipo que tengas en la despensa. Sírvela con aceite de oliva virgen extra y pan para mojar, o úsala con generosidad sobre verduras y ensaladas, para añadir una textura crujiente y sabor. Guárdala en un tarro hermético.

Para las coles de Bruselas asadas

400 g de coles de Bruselas

2 cdas. de aceite de coco o de colza orgánico

yogur, para servir (pág. 224)

Para el *dukkah* (unos 150 g)

50 g de frutos secos (p. ej., coquitos de Brasil, avellanas, nueces)

2 cdas. de semillas de cilantro

1 cda. de semillas de comino

½ cdta. de semillas de alcaravea

40 g de semillas de sésamo

1 ramita de mejorana, deshojada

2 cdtas. de sal marina

1 pizca de pétalos de rosa, opcionales

Precalienta el horno a 190 °C.

Para el *dukkah*, pon los frutos secos en una bandeja de horno y tuéstalos durante 3 minutos. Añade las semillas de cilantro, comino y alcaravea y vuelve a meter la bandeja en el horno durante 5 minutos más. Reserva la bandeja. Pon las semillas de sésamo en otra bandeja y tuéstalas en el horno junto con los otros ingredientes durante 5 minutos. Resérvala.

Maja los frutos secos y las especias en un mortero o en un robot de cocina hasta que obtengas una consistencia granulosa. Pasa la pasta a un cuenco y añade la mejorana, la sal marina, las semillas de sésamo y los pétalos de rosa.

Precalienta el horno a 220 °C.

Corta las coles longitudinalmente por la mitad y elimina los tallos que sean demasiado duros. Disponlas en una bandeja de horno y riégalas con una pequeña cantidad de aceite. Sazónalas y remuévelas bien, para que se impregnen. Ásalas durante 20-30 minutos, o hasta que los bordes de las coles empiecen a quemarse.

Sírvelas en la bandeja de horno, con cucharadas de yogur por encima y rematadas con una ración generosa de *dukkah*.

Espaguetis marinos, remolacha, colinabo y uvas pasas

Para 4 personas como acompañamiento o almuerzo ligero

Esta ensalada es sólida y saciante y hará que te preguntes por qué no comes algas a diario. Todos los sabores presentes están muy equilibrados: el salado de las algas, el dulce de las uvas pasas, el ácido del vinagre y el característico sabor de las verduras.

El espagueti marino es un alga alargada que crece en grandes cantidades cerca de las orillas. Es muy fácil de identificar si buceas y te apetece recogerla directamente. Una vez seca, se conserva muy bien.

Para el aliño

2 cdas. de vinagre (de kombucha, en la pág. 217, o de manzana, en la pág. 223)

5 cdtas. de aceite de oliva virgen extra

1 cdta. de edulcorante (p. ej., azúcar sin refinar, sirope de arce o melaza)

Para la ensalada

35 g de espaguetis marinos u otras algas, en remojo en agua fría durante 10 minutos y luego escurridas

30 g de avellanas, troceadas ligeramente

25 g de pipas de calabaza

1 remolacha pequeña (unos 100 g), rallada

las hojas de la remolacha o 3 ramitas de perejil, picadas finas (tallos incluidos)

50 g de colinabo, rallado

30 de uvas pasas u otra fruta seca

Para el aliño, mezcla el vinagre, el aceite y el edulcorante en un cuenco pequeño. Salpimiéntalo con generosidad.

Dispón los ingredientes de la ensalada uno al lado del otro en un plato hondo y alíñalos una vez estén en la mesa.

Ensalada César de invierno

Para 4 personas como almuerzo ligero o para 8 personas como primer plato

Esta versión invernal y rica en verduras de la clásica ensalada César usa una variedad de nutritivas hojas amargas en lugar de la bastante sosa lechuga iceberg. Las algas y la sal de las alcaparras evocan el mar como alternativa a las anchoas y las nueces ralladas ocupan el lugar del parmesano.

Las verduras de hoja verde (o blanca, roja, rosa o morada) de invierno nos permiten superar los meses más fríos del año con ingredientes nutritivos, multicolores y sabrosos que pueden soportar temperaturas muy frías y que, además, son una buena fuente de nutrientes locales, como las vitaminas A y C, y de minerales como el hierro, el potasio o el calcio. Los horticultores y los agricultores especializados cultivan cada vez más variedades de especies tradicionales y de llamativos híbridos nuevos, como la kale morada y verde o la achicoria roja tardivo o Veneto, con troncos blancos y hojas de delicado color rosa pastel.

Para la ensalada

1 cogollo de achicoria (p. ej. tardivo, Treviso, endibia), sin las hojas

1 pomo pequeño de kale baby (p. ej., roja rusa, redbor, cavolo nero), con los tallos cortados y picados finos, y las hojas troceadas grandes

5 g de algas, en remojo en agua fría durante 10 minutos y luego escurridas

4-6 nueces, picadas

1 pizca de sal negra de la India o marina

Para los picatostes

1 diente de ajo, majado hasta convertirlo en una pasta

1 chorro de aceite de oliva virgen extra

3 rebanadas duras de pan integral de masa madre (o de otro tipo), cortadas en bastoncitos largos

Para el aliño

4 cdas. de aquafaba (pág. 214)

1 diente de ajo pequeño

1 cda. de alcaparras, más 1 cda. para la ensalada

1 cda. de levadura nutricional, opcional

100-150 ml de aceite de oliva virgen extra

el jugo de ½ limón sin encerar

1 cda. de salsa Worcestershire

Para el aliño, pon la aquafaba, el ajo, las alcaparras y la levadura nutricional, si has decidido usarla, en un robot de cocina y tritúralo todo junto. Con el robot en marcha, vierte el aceite de oliva virgen extra por el tubo alimentador muy cuidadosamente y en un chorro muy lento, pero constante, como si fueras a hacer mayonesa. Tras un par de minutos, cuando hayas obtenido una consistencia parecida a la de la crema de leche, deja de añadir aceite y agrega entonces el jugo de limón y la salsa Worcestershire.

Para los picatostes, mezcla el ajo y el aceite de oliva virgen extra en un cuenco. Añade el pan y remuévelo en el aliño de ajo y aceite, para que quede bien empapado. Sazónalo con generosidad. Pasa el pan a una sartén caliente, fríelo a fuego medio y dale vueltas de vez en cuando, hasta que esté dorado por todas las caras. Resérvalo.

Para preparar la ensalada, pon en un cuenco las hojas, las algas, los picatostes y las alcaparras. Riégalo todo con el aliño y remuévelo un par de veces, para que los intensos colores de las hojas destaquen.

Sirve inmediatamente, con una generosa dosis de nueces picadas por encima y una pizca de sal negra de la India o marina.

POSTRES

Experimenta la biodiversidad del chocolate

La biodiversidad, las condiciones de cultivo y el terreno de las plantas y los productos vegetales afectan a su sabor, sus cualidades nutricionales, su aroma e incluso su aspecto. El chocolate es un ejemplo perfecto de cómo la biodiversidad se expresa en el sabor.

El *Theobroma cacao* crece en los ricos suelos de las selvas tropicales, en una especie de cinturón que rodea el globo entre los 20 grados al norte y los 20 grados al sur del Ecuador. Aunque podemos atribuir a la genética de la planta la mayor parte del sabor del cacao, lo cierto es que la fermentación y el secado de las semillas una vez cosechadas, además de la composición del suelo, el clima, la altitud y otros factores contribuyen también a las diferencias de sabor regionales.

He diseñado esta receta de trufas de chocolate, elaboradas con una sencilla *ganache* de agua que hace brillar los aromas naturales e intensos del chocolate, como experimento de alimentación consciente, para degustar la biodiversidad y el territorio de un chocolate de un solo origen. Tómate tu propio placer muy en serio, degústalo con lentitud y contempla el origen de los complejos sabores del chocolate. Sumérgete en la experiencia e imagina la jungla y la naturaleza que te rodean.

1   Piensa

Antes y durante la cata, piensa en el país, región o incluso la granja de procedencia del chocolate. Intenta buscar imágenes de la ubicación para que visualizarla te resulte más fácil. Investiga y averigua las condiciones de cultivo, la altitud, el tipo de suelo y, sobre todo, la especie de cacao.

2   Mira

Estudia el aspecto del chocolate: ¿qué matices de color aprecias? ¿Cuán oscuro o claro es el chocolate? ¿Ves matices rojos, naranjas o morados?

Para unas 16 trufas pequeñas

150 g de chocolate de un solo origen

1 pizca de sal marina

cacao en polvo, para espolvorear

Forra una bandeja o fuente pequeña con papel de horno sin blanquear. Parte el chocolate en trozos pequeños. Vierte 80 ml de agua en un cazo pequeño, lleva a ebullición lenta y luego retíralo del fuego. Añade el chocolate y déjalo reposar durante 1 minuto. El chocolate de un solo origen puede ser más sensible al calor y al movimiento que el chocolate para cocinar, por lo que ten cuidado de no pasarte. Remuévelo con suavidad un par de veces, hasta que el chocolate se haya fundido y viértelo sobre la bandeja o fuente que has forrado previamente. Espolvorea ligeramente sal marina por encima y mételo en el frigorífico durante 1 hora o hasta que cuaje. Desmóldalo sobre una tabla de cortar, córtalo en trozos rectangulares y, para acabar, espolvoréalos con cacao en polvo.

3 Siente

Cierra los ojos, tápate la nariz y ponte el chocolate en la punta de la lengua para bloquear el sentido del gusto. ¿Qué sensación te produce el chocolate en la boca? ¿Es cremoso, liso, con textura? ¿Es graso y untuoso?

4 Saborea

Destápate la nariz, con el chocolate aún en la punta de la lengua, y deja que se funda y te llene la boca de sabor. Ahora mastícalo y trágatelo. Fíjate en la longevidad y la complejidad del sabor: ¿Es dulce o amargo? ¿Tiene un nivel de acidez elevado o reducido? ¿Es astringente y amargo o afrutado y caramelizado? ¿A qué otros sabores te recuerda?

Sorbetes, granizados y helados

Los helados se deberían consumir el mismo día, o incluso el mismo instante, en que se preparan. Es entonces cuando la textura está en su mejor momento, absolutamente divina y suave como la seda. Estas recetas son sencillas de hacer y satisfactorias de comer, pero dales tu toque personal en función de la temporada o inventa tus propios sabores. Muchas veces, combinaciones que parecen muy raras resultan ser perfectas y deliciosas, como las cuatro que he inventado para este libro (en sentido horario): helado de nomeolvides, higos y avellanas; sorbete de manzana, hinojo y menta; sorbete de zanahoria, albaricoque y pimienta de Alepo con flores de caléndula, y sorbete de remolacha y vinagre balsámico con tallos de remolacha caramelizados. Uso jarabe de arce para endulzar los helados, porque se congela a baja temperatura y, así, se evita que el sorbete o el helado cristalicen. Añadir vodka también funciona en este sentido, porque actúa como anticongelante, y la aquafaba aporta una textura más cremosa.

Sorbete

6-8 raciones

500 g de fruta o verdura, deshuesada y sin semillas, troceada en dados de 2 cm o 3 cm

200 g de jarabe de arce, u otro azúcar sin refinar

el jugo de ½ limón sin encerar

1 cda. de vodka, opcional

50 g de aquafaba (pág. 214) batida a punto de nieve, opcional

aromatizantes opcionales (al gusto), como vinagre, hierbas aromáticas o especias

Pon la fruta o la verdura en un cazo con 120 ml de agua y tápalo. Caliéntalo a fuego medio hasta que la fruta o la verdura se ablanden. Pásalas a un robot de cocina y tritúralas hasta que obtengas un puré liso y luego viértelo en un recipiente. Añade el jarabe de arce o el azúcar, el jugo de limón y el vodka, si has decidido usarlo. Deja que se enfríe y luego métalo en el frigorífico. Una vez el puré esté completamente frío, agrega la aquafaba batida a punto de nieve, si has decidido usarla, y remuévela para integrarla bien. Pasa la mezcla a una heladera o congélala directamente en el contenedor. En este segundo caso, remuévela cada hora con un tenedor, hasta que el sorbete esté listo.

Granizado

4-6 raciones

250 g de cualquier fruta de temporada y/o 150 g de cualquier hierba aromática de temporada fresca

75 g de jarabe de arce, u otro azúcar sin refinar

la piel rallada y el jugo de 1 lima sin encerar o de ½ limón sin encerar

Retira las semillas o los huesos de la fruta y córtala en cuartos. Si usas hierbas aromáticas, elimina los tallos más duros y córtalas en trozos no mayores de 1 cm.

Tritura la fruta y las hierbas con 150 ml de agua, el jarabe de arce o el azúcar y el jugo y la ralladura de lima hasta que obtengas un puré muy fino.

Viértelo en un contenedor poco profundo y métalo en el congelador durante 2 horas o hasta que los bordes se congelen. Raspa el hielo con un tenedor y remuévelo todo. Vuelve a meter el recipiente en el congelador durante otras 2 horas. Repite el proceso cada 30 minutos, al menos cuatro o cinco veces más, hasta que hayas obtenido la consistencia de un granizado.

«No helado»

4-6 raciones

150 g de frutos secos

100 g de jarabe de arce u otro azúcar sin refinar

50 g de aquafaba (pág. 214), batida a punto de nieve, opcional

Precalienta el horno a 190 °C y mete una bandeja, para que se caliente también.

Esparce los frutos secos sobre la bandeja precalentada y tuéstalos durante 8-10 minutos, hasta que se doren. Luego déjalos templar. Una vez fríos, métalos en un robot de cocina, añade el jarabe de arce o el azúcar que hayas elegido y 400 ml de agua y tritúralo todo hasta lograr una consistencia lisa. Vierte la masa en un cuenco grande, agrega la aquafaba, si has decidido usarla, y bate la mezcla. Pásala a una heladera hasta que cuaje. Si no tienes ninguna, transfiérela a cucharadas a una bandeja para cubitos de hielo o a una poco profunda y métela en el congelador hasta que cuaje. Una vez congelada, córtala cuidadosamente en cubitos y tritúralos en el robot de cocina a máxima potencia hasta que esté lisa de nuevo. Sirve el helado de inmediato o vuelve a congelarlo. Recomiendo que lo sirvas en un par de horas, para evitar que se endurezca demasiado.

Merengues de aquafaba con naranjas sanguinas y salsa de chocolate

Para 6 personas

Estos merengues son unos dulces maravillosos que transforman algo que normalmente desechamos (la aquafaba) en un postre de infarto. Sobre todo cuando lo rematamos con ginebra, naranjas sanguinas y chocolate fundido.

La manera más segura de garantizar que los ingredientes importados, como el azúcar o el chocolate, se han producido sin explotar a pequeños productores es buscar certificaciones como la de Fairtrade Foundation. Los intermediarios de comercio justo pagan precios de mercado, como los demás, pero, y eso es lo importante, se comprometen a abonar un precio mínimo justo si el de mercado cae demasiado. Como parte de la solicitud de certificación y del seguimiento, Fairtrade ofrece formación a los agricultores, para que aumenten tanto la productividad como la calidad, al tiempo que ayudan a mejorar la relación con sus compradores. Además, Fairtrade aporta una prima por los ingredientes que se venden a través de su programa, la cual se dedica a ayudar a las comunidades a construir infraestructuras locales.

2 naranjas sanguinas sin encerar

1 chorro de ginebra, opcional

2 cdas. de semillas de cacao tostadas

100 g de chocolate negro de buena calidad

140 g de yogur (pág. 224)

Para los merengues

225 g de panela o de azúcar glas sin refinar

170 ml de aquafaba (pág. 214)

½ cdta. de cremor tártaro

Precalienta el horno a 110 °C y forra dos bandejas de horno grandes con papel de horno sin blanquear.

Para los merengues, tritura el azúcar hasta convertirlo en un polvo fino y resérvalo. Vierte la aquafaba en un cuenco de metal o de cerámica limpio y sin engrasar y bátela con una batidora eléctrica a potencia media-alta durante 10 minutos. Añade el cremor tártaro y bátelo para que se integre bien. Incorpora el azúcar a cucharadas, sin dejar de batir y esperando unos 20-30 segundos entre cada cucharada. Cuando hayas añadido todo el azúcar, comprueba la consistencia y, si es necesario, sigue batiéndolo todo hasta que la textura se vuelva lisa y sedosa, y se hayan formado picos rígidos.

Con una cuchara, haz seis montones grandes de masa sobre las bandejas forradas y hornéalos durante 2 horas, sin abrir la puerta del horno. Apaga el horno y deja la puerta cerrada para que los merengues se enfríen así durante un mínimo de 2 horas más.

Mientras, corta las naranjas en rodajas y disponlas en un plato hondo. Riégalas con ginebra, si has decidido usarla, y esparce por encima las semillas de cacao tostadas. Deja que se maceren mientras preparas la salsa.

Para la salsa de chocolate, rompe el chocolate en trocitos y mételos en un cuenco. Caliéntalo al baño maría hasta que el chocolate se haya fundido.

Para servir, dispón los merengues en platos y coloca encima las rodajas de naranja, la salsa de chocolate y el yogur.

Tarta de brioche de aceite de oliva y ruibarbo

Para 8 personas

No creía que fuera posible, pero sí: el brioche integral sin mantequilla ni huevo no solo es factible, sino que está delicioso. Usa la primera parte de la receta para hornear maravillosos brioches de aceite de oliva o da un paso más y añade la cobertura de ruibarbo si quieres un postre extraordinario. El ruibarbo, de delicado color rosa, es perfecto para decorar la tarta, pero puedes usar cualquier otra fruta de temporada o seca. Prueba con los albaricoques en verano, las láminas de membrillo en otoño y las naranjas sanguinas o las ciruelas pasas y los pistachos en invierno.

Para el brioche

8 g de levadura fresca (o 4 g de levadura activa seca granulada)

50 g de jaggery, azúcar mascabado u otro azúcar sin refinar, y un poco más para la cobertura

180 ml de aquafaba (pág. 214)

360 g de harina de espelta integral, tamizada (guarda la fibra para la cobertura), y un poco más para espolvorear

180 ml de aceite de oliva virgen extra

1 pizca de sal

Para la cobertura

160 g de ruibarbo (unos 3 tallos), en trozos de 2-3 cm

1 vaina de vainilla de 3 cm, picada fina (o 1 cdta. de extracto de vainilla)

la ralladura de ½ naranja sin encerar

8 cdas. de yogur (pág. 224)

Para el brioche, pon la levadura y el azúcar en un cuenco grande, incorpora 80 ml de agua templada y remuévelos hasta que todo se disuelva. Deja reposar el resultado durante 10 minutos, hasta que empiece a aparecer espuma sobre la mezcla. Añade una pizca de sal, la aquafaba y la harina integral tamizada y remueve todo hasta que se integre bien. Amasa en el cuenco durante unos 5 minutos, agrega el aceite de oliva y sigue hasta que la masa haya absorbido todo el aceite: quedará muy blanda. Cubre el cuenco con una tapa o con un paño limpio y déjalo reposar en el frigorífico, para que suba, durante 8-10 horas o hasta el día siguiente.*

Para la tarta, estira la masa ya crecida sobre una superficie ligeramente enharinada, hasta que obtengas un disco de unos 30 cm. Pásalo a una bandeja para hornear engrasada con aceite, cúbrelo con un paño limpio, sin apretar, y déjala reposar a temperatura ambiente durante 2-3 horas o hasta que haya duplicado su tamaño.

Precalienta el horno a 190 °C.

Para montar la tarta, mezcla en un cuenco los trozos de ruibarbo, la vainilla, la ralladura de naranja y la fibra que hayas obtenido al tamizar la harina. Extiende el yogur sobre la masa y luego esparce con cuidado la mezcla de ruibarbo por encima. Espolvorea la superficie con azúcar. No muevas de sitio el yogur ni el ruibarbo, o la masa se aplastará. Hornea la tarta durante unos 35-45 minutos o hasta que se dore. Sírvela caliente.

Si solo quieres los brioches, cuando la masa haya subido por primera vez, sepárala en ocho trozos iguales y dales forma de bola. Colócalos sobre una bandeja de horno engrasada con aceite, cúbrelos sin apretar con un paño limpio y déjalos reposar a temperatura ambiente durante 2-3 horas o hasta que hayan duplicado su tamaño. Métetelos en un horno precalentado a 190 °C durante 35-45 minutos o hasta que estén bien dorados.

Tarta de flor de saúco y chocolate blanco

Para 8 personas

Hace miles de años que el saúco, o «el árbol de las brujas», se usa con fines medicinales para tratar la gripe, el resfriado y otras enfermedades, y sigue desempeñando un papel importante en la fitomedicina actual. El mero hecho de salir a cosechar las flores o las bayas es medicinal en sí mismo. Son abundantes y fáciles de identificar, y tienen un aroma maravilloso que las convierte en ideales para este postre delicado y elegante.

La base de la tarta se elabora con orejones (albaricoques secos) y copos de cereales, que complementan el dulce chocolate blanco aromatizado con vainilla y el sutil aroma de las flores de saúco. Si te sobra base, sepárala en trozos y forma con ellos bolas que te servirán de tentempié más adelante. Luego guárdalas en un recipiente hermético.

La presentación de la tarta está inspirada en uno de los postres del chef Bertrand Grebaut en su restaurante Septime de París. La sencillez y el respeto profundo por los ingredientes es evidente en toda su carta, motivo por el cual es uno de mis preferidos. Hay un claro impulso (tanto en Septime como en algunos de los mejores restaurantes del mundo) hacia un estilo de alimentación más real que aproxima a los comensales a la naturaleza y al origen de los alimentos. Está a un millón de años luz de la elaborada cocina de antaño y es algo que intento emular.

aceite de oliva virgen extra, para engrasar

100 g de frutos secos variados (p. ej., coquitos de Brasil, avellanas, nueces)

50 g de copos de cereales (p. ej., trigo sarraceno, avena, espelta)

150 g de orejones sin dióxido de azufre

10 g de mijo, amaranto o arroz inflado

200 g de chocolate blanco de buena calidad, troceado

300 g de tofu sedoso con certificación orgánica

1 cda. de semillas de chía, molidas en un mortero o en un molinillo de especias

flores de saúco (o flores comestibles), para decorar

Material

4 moldes de tarta de 8 cm o 10 cm o
1 molde de tarta de 23 cm

Engrasa los moldes de tarta con el aceite y fórralos con papel de horno sin blanquear.

Para la base, tritura los frutos secos poco a poco en un robot de cocina, hasta que queden solo trozos gruesos. Añade los copos de cereales, los orejones y 2 cucharadas de agua y tritura la mezcla hasta que obtengas una pasta de grano grueso. Pásala a la superficie de trabajo, agrega los cereales inflados y amasa la combinación para que se integren bien. Estira la pasta hasta que tenga unos 5 mm de grosor y forra con ella los moldes de tarta.

Para la cobertura, funde el chocolate blanco al baño maría. Mete el tofu en un robot de cocina y añade el chocolate fundido y las semillas de chía molidas. Tritúralo todo hasta que obtengas una masa lisa. Viértela sobre las bases de tarta y refrigéralas durante un par de horas, o hasta que cuajen.

Sirve la tarta, o tartas, decoradas con muchas flores.

Ciruelas a la plancha con *labneh* dulce y granizado de acedera

Para 2 personas

Este plato queda delicioso cuando las ciruelas están en plena temporada, maduras, carnosas y jugosas. Se asan enteras y se aprovechan los piñones, que tienen un delicioso sabor a almendra amarga. Sin embargo, ten cuidado, porque contienen amigdalina, que no se puede ingerir cruda. Para que sean comestibles, tuéstalos en una sartén caliente sin aceite. Cuando ases la fruta, deja que se queme un poco, para suscitar sabores agridulces, perfectos para postres o incluso ensaladas, como las de las páginas 150-151.

El granizado de acedera con notas de limón es absolutamente opcional, pero eleva este postre, que se transforma de un plato normal de diario en un colofón elegante de una cena festiva.

1-2 ciruelas (u otra fruta blanda), cortados por la mitad, deshuesadas y con los huesos reservados

200 g de *labneh* dulce (pág. 224)

200 g de granizado de acedera (pág. 192), opcional

Abre los huesos de las ciruelas con un cascanueces y extrae los piñones. No te los comas crudos. Tuéstalos en una sartén muy caliente sin aceite durante 3-5 minutos hasta que se tuesten ligeramente. Resérvalos.

Mientras, calienta a fuego medio una plancha o una sartén. Dispón sobre la paella o sartén las mitades de las ciruelas, con la cara cortada hacia abajo y sin moverlas hasta que la parte inferior se haya quemado levemente. Cuando se haya formado una delgada capa caramelizada, despégalas con cuidado con una espátula y pásalas a una fuente.

Para servir, pon una mitad de ciruela en cada plato, acompañada de una gran cucharada de *labneh* dulce y medio piñón de ciruela. Si has decidido usarlo, remata el plato con una cucharada de granizado de acedera.

Betty de albaricoque y arándanos

Para 6-8 personas

Una Betty es un postre tradicional estadounidense, parecido a un *crumble* pero coronado con migas de pan duro endulzadas. Aunque normalmente se hace con manzanas, funciona a la perfección con cualquier fruta asada. Usa la que esté de temporada (albaricoques, arándanos o incluso fresas en verano, moras a finales de verano, manzanas o peras en otoño, ruibarbo forzado en invierno, etc.).

600 g de albaricoques, o de otra fruta con hueso, cortados por la mitad y deshuesados

150 g de arándanos azules, u otras bayas

50 g de jaggery, mascabado u otro azúcar sin refinar

1 vaina de vainilla de 5 cm, picada fina (o 1 cdta. de extracto de vainilla)

50 ml de brandy, opcional

3 rebanadas de pan integral duro, troceadas

2 cdas. de aceite de oliva virgen extra

50 g de nueces, u otros frutos secos, troceadas

1 cdta. de canela molida

yogur (pág. 224) o «no helado» (pág. 192), para servir

Precalienta el horno a 180 °C.

Para la base de fruta, pon los albaricoques, los arándanos, la mitad del azúcar, la vainilla y el brandy en una fuente apta para horno de unos 23 cm de diámetro.

Para la cobertura, tritura el pan hasta que obtengas migas grandes. Pásalas a un cuenco y mézclalas con el resto del azúcar, el aceite de oliva, los frutos secos y la canela.

Esparce la cobertura de forma regular sobre la fruta y hornea el postre durante 40-45 minutos, o hasta que se dore bien y burbujee. Sirve acompañado de yogur o del «no helado».

Galette de franchipán de nueces y kamut con manzanas y frutos del bosque

Para 10-12 personas

Creo que el franchipán es mi postre preferido. En esta receta he usado nueces en lugar de almendras y he servido el franchipán en una base rústica de hojaldre muy fácil de hacer (aunque también puedes hornearlo directamente en un molde, sin la base, si así lo prefieres). A medida que van cambiando las estaciones, me gusta incluir un ingrediente principal distinto para celebrar los mejores productos disponibles en cada momento. Cada temporada tiene su propio ingrediente icónico que merece la pena aprovechar: en invierno puedes probar la receta con rodajas de naranja sanguina, en primavera con ruibarbo y en verano, con albaricoques.

El kamut es un cereal antiguo cuyo tamaño duplica el del trigo normal y que tiene un sabor mucho más intenso y con notas a frutos secos. Se puede cultivar con relativa facilidad sin necesidad de pesticidas ni fertilizantes y es resistente a la sequía, por lo que es un alimento de bajo impacto ambiental, rico en nutrientes y rebosante de sabor. Los granos son grandes, por lo que son ideales para ensaladas contundentes o molidos en una harina nutritiva que puede comprarse en establecimientos de alimentación saludable, en supermercados y en internet.

250 g de nueces

80 g de azúcar sin refinar, y un poco más para la cobertura

50 g de harina de kamut, o de otro tipo

¼ de cdta. de levadura en polvo

50 ml de aceite de oliva virgen extra

80 ml de aquafaba (pág. 214)

1 tanda de masa quebrada hecha con harina de kamut (pág. 231)

1 manzana de postre orgánica, sin el corazón, y en cuñas finas (si no es orgánica, pélala antes de cortarla)

150 g de bayas de saúco, moras u otras bayas (o mermelada de mora)

yogur, para servir (pág. 224)

Precalienta el horno a 180 °C y mete una bandeja, para que se caliente también.

Esparce las nueces por la bandeja precalentada y tuéstalas en el horno durante 8 minutos. Espera a que se enfríen y tritúralas junto al azúcar, la harina y la levadura en polvo hasta que queden molidas muy finas. Añade el aceite y la aquafaba y vuelve a triturarlo todo hasta que quede bien integrado.

Estira la masa sobre una superficie ligeramente enharinada y forma un disco de unos 40 cm de diámetro. Con ayuda de un rodillo, traslada con cuidado el disco a la bandeja de horno. Extiende la masa del franchipán de forma uniforme sobre la superficie y usa una espátula para hacer que ascienda por los bordes. Esparce la fruta de forma uniforme sobre la superficie y deja un borde de unos 5 cm. Levanta los bordes de la masa sobre la fruta, de modo que forme un pliegue de 5 cm. Pinta la masa y la fruta con un poco de agua y espolvorea/riega ligeramente con azúcar sin refinar.

Hornea durante 40 minutos o hasta que el franchipán haya subido y se haya dorado. Sírvelo acompañado de yogur.

Panna cotta de leche de cáñamo

Para 4 personas

La *panna cotta* es un plato italiano originario de Piamonte. Cada dos años viajo a Turín, en Piamonte, para asistir a Terra Madre, la conferencia internacional de Slow Food. Se reúnen agricultores y gastrónomos procedentes de todos los rincones del mundo. Slow Food es un movimiento de raíz que celebra la buena comida y sus beneficios para la sociedad y el medioambiente, con más de 100 000 miembros en más de 150 países. Durante mi último viaje, probé la *panna cotta* más deliciosa que me había encontrado nunca. La sirvieron con una selección de pequeños condimentos, como yo he hecho aquí.

El cáñamo es un cultivo superproductivo y rentable que prospera en todo tipo de terrenos y climas con relativamente poca agua y sin necesidad de fertilizantes ni pesticidas. Las semillas tienen un agradable sabor a frutos secos y son una proteína «completa», repleta de ácidos grasos omega-3 y omega-6. El resto de la planta se puede usar para producir una amplia variedad de productos con un impacto increíblemente bajo. Como proyecto de sostenibilidad y para celebrar la finalización de este libro (que me ha llevado cinco años), colaboré con mi cuchillero local, Blenheim Forge, y una empresa de innovación, Margent Farm, para fabricar el cuchillo de verduras de la página 28. La empuñadura está hecha con fibras comprimidas de cáñamo y melaza, y con remaches de latón reciclados encontrados en el río Támesis.

Es muy probable que la leche de cáñamo sea la leche vegetal más respetuosa con el medioambiente de todas y, además, tiene un sabor sublime. Con ella se puede preparar una *panna cotta* de sabor exquisito que no necesita ningún otro ingrediente. La receta se cuaja con agar agar, un extracto de alga que es una alternativa fiable y más deseable que la gelatina.

4 vasos o moldes de 125 ml

500 ml de leche de cáñamo edulcorada (pág. 224)

1 ½ cdas. de agar agar en escamas

Para servir, opcional

jarabe de dátiles, mantequilla de semillas de cáñamo y de calabaza (pág. 56), aceite de cáñamo o aceite de oliva virgen extra

Vierte 200 ml de la leche de cáñamo en un cazo pequeño y espolvorea las escamas de agar agar sobre la superficie, de modo que queden flotando. Calienta la leche a fuego bajo y lleva el cazo a ebullición, sin remover. Luego baja el fuego al mínimo y hierve a esta temperatura, removiéndola sin parar hasta que el agar agar se haya disuelto. Tritura la mezcla junto al resto de la leche de cáñamo con una batidora de mano durante unos segundos y viértela en los vasos o moldes, repartiéndola equitativamente. Déjalos reposar para que se templen y, una vez fríos, métetelos en el frigorífico durante un par de horas, hasta que la *panna cotta* cuaje.

Para servir, sumerge brevemente los vasos o moldes en un cuenco pequeño de agua hirviendo, para que la *panna cotta* se despegue, y desmóldalos con cuidado sobre un plato. Sírvela sola o con uno o todos los acompañamientos.

Tarta de pera, avellana, chocolate y farro

Para 10 personas

La combinación de peras, nueces y cacao es siempre ganadora, sobre todo cuando se le une una harina integral como la de farro. El trasfondo de malta del cereal complementa los aromas a tabaco y el sabor entre dulce y amargo del chocolate negro para elevar la receta a otra categoría.

La primera vez que vi un pan de azúcar ni siquiera sabía lo que era y, cuando lo probé, me sorprendió su increíble aroma, con notas a melaza, caramelo e incluso cítricos. En postres como esta tarta de chocolate, los distintos azúcares sin refinar añaden aroma y textura adicionales. Intenta reemplazar el azúcar tradicional por jaggery, panela o rapadura, cuanto te sea posible, para añadir a tus platos profundidad de sabor y nutrientes.

250 g de avellanas

100 g de jaggery, panela, rapadura en polvo u otro azúcar sin refinar, más 1 cda. colmada para espolvorear

75 g de harina de farro (o de otro tipo) integral, y 1 cda. más para enharinar

50 g de semillas de lino molidas

2 cdas. de cacao en polvo, y 1 cdta. más para espolvorear

2 cdtas. de levadura en polvo

100 ml de aceite de oliva virgen extra, y un poco más para engrasar

100 ml de aquafaba (pág. 214)

2 peras, sin el corazón, laminadas finas

yogur, para servir (pág. 224)

Precalienta el horno a 180 °C y mete dentro una bandeja grande, para que también se caliente.

Para elaborar la harina de avellana, esparce las avellanas sobre la bandeja de horno precalentada y tuéstalas durante 8 minutos. Sácalas del horno, espera a que se enfríen y, entonces, tritúralas en el robot de cocina hasta convertirlas en polvo. Añade el azúcar, la harina, las semillas de lino molidas, el cacao en polvo, la levadura en polvo, el aceite de oliva y la aquafaba, y tritura todo hasta que quede bien integrado.

Engrasa con un poco de aceite de oliva una fuente para flanes o similar apta para horno y enharínala con 1 cucharadita de harina y otra de cacao en polvo. Inclina la fuente para que toda la base y los lados queden impregnados y golpea la base con suavidad para que se desprendan la harina y el cacao sobrantes. Con una cuchara, pasa la masa a la fuente que acabas de preparar y extiéndela de manera uniforme. Luego, dispón las láminas de pera encima, aleatoriamente. Hornea 30 minutos o hasta que la masa se dore y suba.

Para preparar tu propio azúcar glas, tritura en un molinillo o un robot de cocina 1 cucharada colmada del azúcar que hayas elegido hasta que lo conviertas en un polvito fino. Espolvorea la tarta con el azúcar glas y el resto del cacao en polvo y sírvela acompañada de yogur.

Pudin de pan de masa madre con aceite de oliva

Para 4 personas

Nos encanta el pan recién hecho, sí, pero la vida de una barra de pan no se acaba en los bocadillos y en las tostadas. A medida que envejece, la masa madre se transforma en un ingrediente clave para miles de platos distintos, desde la sopa de tomate y pan (pág. 95) hasta el «parmesano de pobre», un ingrediente hecho con migas de pan aromatizadas que se sirve en pastas y guisos (pág. 230). El pan de verdad, como el de masa madre, elaborado con harina, agua y sal, y sin conservantes, aguanta más que los panes más procesados. Guárdalo envuelto en papel o en un paño, para evitar que se seque o le salga moho. Si lo conservas así, el pan se convertirá en un ingrediente básico vital que podrás añadir a los platos siempre que lo necesites.

Este pudin de masa madre transforma el pan que se ha empezado a endurecer en un postre sencillo con solo unos cuantos ingredientes básicos. Si puedes, hazlo con masa madre integral, que tiene más sabor.

500 ml de leche de avena (pág. 224)

60 g de azúcar sin refinar, y un poco más para la cobertura

3 raspaduras de piel de un limón sin encerar, en láminas finas

1 vaina de vainilla de 3 cm, picada fina (o 1 cdta. de extracto de vainilla)

100 g de fruta seca (p. ej., higos, ciruelas pasas, manzanas), troceada

6 rebanadas de pan (de masa madre integral o de otro tipo)

100 g de fruta de temporada preparada (p. ej., manzanas, moras negras, nísperos)

1 chorro de aceite de oliva virgen extra

30 g de copos de cereales (p. ej., trigo sarraceno, avena, espelta), opcionales

crema de avena o yogur, para servir (pág. 224)

Pon la leche, el azúcar, la piel de limón, la vainilla y las frutas secas en una cazuela de fondo grueso y llévala a ebullición poco a poco. Retírala del fuego y déjala reposar durante 20 minutos para aromatizar la leche.

Precalienta el horno a 180 °C.

Corta el pan y la fruta fresca en dados de 3-5 cm, ponlos en un cuenco grande y riégalos con el aceite. Vierte la leche aromatizada sobre la mezcla de fruta y pan. Con una cuchara, pásala a un molde o una fuente de horno y esparce por encima los copos de cereales, si has decidido usarlos. Espolvorea/riega con un poco más del azúcar sin refinar.

Hornea la masa durante 35 minutos o hasta que se dore por encima. Sirve el pudin caliente o frío, con crema o yogur.

Brownies de posos de café

9-12 porciones

Hay pocas cosas más satisfactorias que una buena taza de un café aromático. Duplica el placer y emplea al máximo los recursos usando los posos del café en recetas de aprovechamiento. Transfórmalos en un adobo para verduras, añádelos a *brownies* de chocolate o, al menos, conviértelos en un compost excelente que ayuda a devolver nitrógeno al suelo.

Estos *brownies* son increíblemente jugosos, porque la combinación de compota de manzana y rapadura les da una textura elástica y un sabor delicioso que recuerdan al *toffee* y que nunca antes había probado. Añadir los posos de café aporta una dosis de cafeína a estos trocitos de cielo de chocolate.

2 manzanas de postre orgánicas, en dados (si no son orgánicas, pélalas antes de cortarlas)

80 g de posos de café

250 g de chocolate negro de buena calidad, troceado

200 g de rapadura, jaggery u otro azúcar no refinado

120 g de harina de centeno

150 ml de aceite de oliva virgen extra, y un poco más para engrasar

50 g de cacao en polvo

1 cdta. de sal

Precalienta el horno a 160 °C. Engrasa un molde cuadrado de 20 cm de lado con un poco de aceite de oliva y fórralo con papel de horno sin blanquear.

Pon los dados de manzana y los posos de café en un cazo pequeño, con 2 cucharaditas de agua y una pizca de sal. Tapa el cazo y calienta a fuego medio hasta que veas que empieza a salir vapor. Entonces baja el fuego y cuece durante 5 minutos más, removiendo la mezcla de vez en cuando o hasta que la manzana quede blanda. Tritúrala para darle textura de puré y devuélvela al cazo.

Añade los trozos de chocolate, apaga el fuego y remueve el cazo hasta que el chocolate se haya fundido. Incorpora el azúcar, la harina, el aceite de oliva y el cacao en polvo y remuévelo todo para que se integre bien. Vierte la mezcla en el molde forrado y hornéala durante 45 minutos o hasta que arriba se haya formado una corteza, pero el centro siga húmedo.

Espera a que se enfríe antes de cortarlo en cuadrados.

Tartaletas de mermelada de cáscara de limón

Para 6 personas

Los buenos limones tienen muchas protuberancias, están llenos de jugo y se pueden comer como si fueran manzanas: la piel, la pulpa… en general todo. Sin embargo, hasta que no visité Sicilia no supe a qué sabe un limón bueno de verdad. Allí, los limoneros habitan en los pueblos, llenan los jardines de las casas y cubren el suelo de fruta. Cuando es la temporada, los limones se comen en abundancia, exprimidos sobre todo tipo de platos e incluso se convierten en ensaladas, enteros, con la piel y todo.

Si vas a comerte un limón entero, asegúrate de que compras fruta orgánica y sin encerar y sin tratamientos fungicidas, a diferencia de la fruta convencional. Son más caros, pero al final resultan más baratos, porque podrás usar todo el ingrediente, a diferencia de los otros, que acaban casi enteros en la basura. Guarda los limones que te sobren (una vez los hayas exprimido) en el frigorífico o en el congelador, para que puedas usarlos cuando los necesites. Prueba a freír cuñas y añadirlas a ensaladas, consérvalos en sal o transfórmalos en esta deliciosísima mermelada de cáscara de limón.

Para la mermelada de cáscara de limón

Para un tarro de unos 250 ml

170 g de cáscara de limones orgánicos, o limones enteros

170 g de rapadura, mascabado u otro azúcar sin refinar

Para la mermelada, corta la cáscara o los limones enteros en tiras de 3-5 mm. Ponlas en una cazuela grande con 430 ml de agua y llévala a ebullición. Baja el fuego y deja hervir a fuego lento durante 30 minutos. Luego añade el azúcar y prolonga la cocción otros 30 minutos, removiéndola de vez en cuando, hasta que empiece a espesarse. Para comprobar si está lista, pon una cucharada de la mermelada en un plato frío y mételo en el congelador durante 2 minutos. Sácalo del congelador y traza una línea en la mermelada con el índice. Si la mermelada ha cuajado y el dedo la puede cortar con limpieza, está lista. Si aún está líquida, prolonga la cocción 10 minutos y repite la prueba hasta que cuaje. Vierte la mermelada caliente en un tarro esterilizado y cierra bien la tapa. Deja que se enfríe.

Para las tartaletas de limón

Para 3 tartaletas de 8 cm, o 6 raciones

500 g de mofu (tofu de cáñamo, pág. 224) o de tofu sedoso biodinámico u orgánico, escurrido

1 cda. de harina de maíz

½ cdta. de cúrcuma

4 cdas. de aceite de oliva virgen extra

3 tartaletas horneadas de 8 cm (pág. 231)

yogur, para servir (pág. 224)

Para las tartaletas, precalienta el horno a 220 °C.

Mezcla el mofu o el tofu con toda la mermelada de cáscara de limón (excepto 2 cucharadas), la harina de maíz, la cúrcuma y el aceite de oliva virgen extra y remueve todo hasta que quede bien integrado. Vierte el relleno en las tartaletas, repartiéndolo de forma equilibrada, y hornéalas durante 10 minutos, o hasta que el relleno cuaje.

Para caramelizar la parte superior, quémalas con un soplete de cocina o ponlas bajo un grill muy caliente, manteniéndolas tan cerca de la fuente de calor como te sea posible, para que se quemen con rapidez.

Para servir las tartaletas, córtalas por la mitad y acompáñalas con una cucharada de yogur y un poco de la mermelada de cáscara de limón que has reservado.

DE LA RAÍZ AL FRUTO:
LA DESPENSA

CONDIMENTOS

Eficiencia en la cocina

A pesar de que es mi vocación y mi pasatiempo preferido, no siempre dispongo de mucho tiempo para hacerme la comida. A continuación te presento varios consejos para que puedas preparar toda tu comida desde cero, rápidamente y de forma sencilla. La clave reside en tener listos algunos ingredientes con antelación, cuando tengas un rato, para que cuentes con una base que luego podrás usar durante toda la semana para ahorrar dinero, energía y tiempo. La mayoría de alimentos se conservan bien en el frigorífico durante 5 días.

Masa para tortitas: se conserva durante 5 días en el frigorífico y solo tardarás unos minutos en cocinarla.

Muesli Bircher: es mi desayuno instantáneo preferido y solo se tardan 5 minutos en preparar una cantidad suficiente para 5 días.

Cereales integrales: los cereales precocinados vuelven a calentarse con rapidez y son excelentes para preparar ensaladas rápidas y saciantes o para sustituir a otros hidratos de carbono o almidones.

Legumbres: pon en remojo una variedad de ellas para poder usarlas durante la semana. Podrás emplearlas en ensaladas, triturarlas para elaborar sopas o hummus, añadirlas a guisos o, sencillamente, comerlas calientes y aliñadas con aceite y limón.

Brotes caseros: aunque solo tardan un par de días en crecer, añaden una cantidad significativa de legumbres y semillas a tu dieta semanal.

Sopas y guisos: son una manera excelente de usar ingredientes del frigorífico y de la despensa, y mejoran con el tiempo.

Verduras asadas: si tienes verduras que ya están algo pochas, ásalas todas juntas y consúmelas frías como ingredientes de ensalada, o vuelve a calentarlas para la cena o trocéalas.

Pan: cuando se sabe cómo, hacerlo es rápido (sobre todo el pan de soda) y, además, te ahorra dinero.

AGUA DE LEGUMBRES, O AQUAFABA

Para unos 400 ml

Poner en remojo las judías y los guisantes es fácil y apenas requiere preparación, pero sí que exige tiempo. Los domingos acostumbro a estar en casa, así que el sábado pongo en remojo las legumbres y los cereales y el domingo las cuezo, para llenar el frigorífico con ingredientes que se pueden transformar en comidas instantáneas durante la semana.

La aquafaba, o el agua de cocción de las legumbres, es la sustituta perfecta del huevo en la mayoría de platos y se puede usar para eliminarlo de casi todas las recetas. Cuando cuezas legumbres, guarda el agua para usarla más adelante. Para asegurarte de que el agua de cocción quede lo suficientemente espesa para poder sustituir a la clara de huevo, usa una proporción de 5 partes de agua por 1 parte de legumbres. Por ejemplo, 1 litro de agua por 200 g de garbanzos secos. La aquafaba se puede guardar durante 5-6 días en el frigorífico en un recipiente hermético. Si no, también la puedes congelar en porciones y descongelarla cuando la necesites.

200 g de garbanzos (o de otra legumbre) secos, en remojo en abundante agua fría durante un mínimo de 8 horas

1 litro de agua

Escurre las legumbres en remojo y pásalas a una cazuela cuya tapa cierre bien. Añade el agua y llévalas a ebullición. Retira con una rasera la espuma que ascienda a la superficie. Pon la tapa, reduce el fuego para que el agua siga hirviendo a fuego bajo y cuece las legumbres durante 1-1 ½ horas o hasta que estén tiernas. Una vez cocidas, apaga el fuego y deja que las legumbres se enfríen en el agua de cocción.

Guarda las legumbres y el agua de cocción juntas para lograr la máxima potencia y escurre el líquido de cocción (la aquafaba) a medida que lo necesites para sustituir claras de huevo en tus platos.

(Puedes usar las legumbres para preparar hummus o para añadir contundencia a sopas y guisos.)

AQUAFABA REDUCIDA

Para unos 200 ml

La aquafaba también es útil para ligar otros ingredientes una vez se ha reducido para aumentar su contenido en proteína. Para preparar aquafaba reducida, sigue la misma receta que acabas de leer, pero una vez se hayan enfriado las legumbres, escurre el líquido en un cazo limpio y caliéntalo a fuego medio. Llévalo a ebullición suave y mantenlo al fuego, sin tapar, hasta que se haya reducido a la mitad. Apártalo del fuego y, cuando se haya enfriado, guárdalo en el frigorífico hasta que lo necesites.

SALSA VERDE Y PESTO

Para unos 350 g

La salsa verde es una receta muy adaptable, además de una manera fantástica de conservar las hierbas, hojas verdes y tallos que te hayan sobrado. Aunque, tradicionalmente, el pesto se elabora con albahaca, es absolutamente delicioso elaborado con cualquier verdura de hoja verde.

100 g de hierbas, hojas y tallos frescos de temporada

1 diente de ajo pequeño, picado fino

50-100 ml de aceite de oliva virgen extra

Extras para la salsa verde, todos opcionales

5 cdtas. de vinagre

1 cdta. de mostaza de Dijon

1 cda. de alcaparras, picadas finas

1 pepinillo

Extras para el pesto

2 cdas. de frutos secos (p. ej., avellanas, piñones, pistachos, etc.) o pan rallado

1 cdta. colmada de levadura nutricional

Pica finamente las hierbas desde los tallos hasta las hojas una vez que hayas eliminado los tallos más gruesos, si los hay. En mi opinión, la textura de las hierbas picadas a mano es más agradable que si se hace en el robot de cocina. Si tienes mortero, májalas en él con el ajo para desplegar los aromas y ayudar a descomponerlas. (Si prefieres el robot de cocina, corta las hierbas en trozos de 1 cm o menos, para evitar que la textura quede demasiado fibrosa.) Añade el aceite hasta que obtengas la consistencia que deseas, y los extras que hayas elegido. Guarda la salsa en un tarro esterilizado durante 1-2 semanas en el frigorífico.

MAYONESA DE AQUAFABA

Para 250 ml

50 ml de aquafaba (p. anterior)

1 cda. de mostaza

¼ de cdta. de cúrcuma molida

unos 200 ml de aceite de oliva virgen extra

1 cda. de vinagre (pág. 223), opcional

Variaciones (añade uno de los ingredientes siguientes): chipotle en polvo, curri en polvo, alga kelp en polvo o ajo triturado, al gusto

Vierte la aquafaba en un cuenco limpio y sin engrasar y añade la mostaza, la cúrcuma y una pizca de sal y pimienta. Bate con una batidora de mano hasta que esté todo bien integrado y aparezca una espuma ligera y, entonces, incorpora el aceite con un chorro muy ligero pero constante y sin dejar de remover. Tardarás unos minutos. Cuando alcances la consistencia deseada, deja de añadir aceite y agrega el vinagre y el ingrediente aromático que hayas decidido usar, si has elegido alguno. Guarda la mayonesa en un recipiente hermético dentro del frigorífico, donde se conservará hasta 1 semana.

CHIPS DE TUBÉRCULOS Y DE VERDURAS DE HOJA VERDE

Si te encuentras con que te sobran tubérculos o verduras de hoja verde, esta es una solución ingeniosa y sabrosísima para conservarlos en grandes cantidades. En la página 104 verás la imagen de los chips de diente de león y de ortiga que usé para rematar la sopa de ortigas.

verduras de hoja verde u hojas de tubérculos (remolacha, apio, apio nabo, hinojo, rábano picante, chirivía, rabanito, nabo, dientes de león, ortigas, etc.)

1 chorro de aceite de oliva virgen extra

sal marina

Precalienta el horno a 150 °C.

Lava las hojas, sacúdelas para secarlas y ponlas en un cuenco. Alíñalas con el aceite de oliva y una pizca de sal, y remuévelas bien para que queden bien impregnadas del aceite salado.

Extiende las hojas sobre una fuente de horno y ásalas durante 20-60 minutos o hasta que se sequen. En función del grosor tardarán más o menos tiempo en secarse. Las hojas en el borde exterior de la bandeja se secarán primero, así que sácalas antes y témplalas sobre un papel de cocina mientras el resto se acaban de hacer. Deja que se enfríen y guárdalas en un contenedor hermético.

UMAMI EN POLVO: tomate, remolacha, cítricos, piel de cebolla, pipas de calabaza, etc.

Comer de la raíz al fruto ha llevado al descubrimiento de muchas técnicas, recetas e ingredientes nuevos, como estos polvos ricos en umami. Los condimentos que se preparan a partir de las partes de las plantas que acostumbramos a desechar (como la piel, la cáscara, las semillas o las cortezas) pueden añadirse a las recetas en lugar de sal o caldo y aportan sabor y color añadido a los platos. Estos son algunos de los ingredientes con los que puedes experimentar: piel de cebolla, peladuras de remolacha, pipas de calabaza, tomates, cáscara de cítricos, hojas de apio, semillas de chile, algas, etc.

Extiende el ingrediente sobre una bandeja de horno y ponlo a secar: al aire libre, si hace sol, en un deshidratador o en el horno a potencia mínima. El grosor y la temperatura ambiente determinarán el tiempo que el ingrediente necesitará para secarse del todo. Una vez seco, muélelo en un molinillo o en un robot de cocina potente con una buena pizca de sal. Guarda el polvo en un tarro hermético y úsalo a medida que lo vayas necesitando.

KOMBUCHA

El kombucha es un té fermentado helado muy fácil de hacer y que se puede aromatizar con prácticamente cualquier cosa, por lo que, además de ser un excelente sustituto de los refrescos comerciales, es también una gran manera de usar restos de fruta y de verdura que, de otro modo, se echarían a perder. Al igual que el vinagre, se prepara con una «madre» llamada SCOBY (acrónimo inglés de «colonia simbiótica de bacterias y levaduras»), que recuerda a una criatura gelatinosa de las profundidades del mar. La SCOBY prolifera y genera una capa nueva cada vez que se fermenta una tanda, por lo que es fácil compartirla con amigos. Necesitarás una SCOBY para empezar. Para encontrar una, pregunta a tus amigos y a los entusiastas de tu comunidad, o adquiere una por internet.

FERMENTACIÓN PRIMARIA

Para unos 5 litros

Este es el primer paso esencial para elaborar kombucha: transformar té dulce en una bebida probiótica efervescente.

una jarra de fermentación de 5 litros limpia, un trozo de muselina o un paño limpio, y una goma elástica o un cordel

260 g de azúcar sin refinar

4 cdas. de hojas de té negro, verde o blanco

500 ml de kombucha maduro (si no tienes 500 ml de kombucha maduro para empezar la tanda, usa 120 ml de vinagre de manzana)

1 SCOBY de kombucha

Vierte 1 litro de agua hirviendo en una jarra de cerámica o de vidrio resistente al calor. Añade el azúcar y el té, remueve y deja reposar durante 20 minutos.

Vierte 3 litros de agua fría en la jarra de fermentación. Usa un colador no metálico para colar el té infusionado en la jarra y composta las hojas. Incorpora el kombucha maduro (o el vinagre) y remueve.

Con cuidado, introduce la SCOBY de kombucha en la jarra y deja que se quede flotando en la superficie. Si se hunde un poco, no te preocupes, se formará una capa nueva encima y la madre ascenderá a medida que fermente. Cubre la jarra con la muselina, o el paño, y fíjala con la goma o el cordel.

Deja la jarra en una parte templada de la cocina y al abrigo de la luz solar directa durante 6-18 días. El tiempo de fermentación dependerá de factores diversos, como la temperatura de la cocina, la estación del año y tus preferencias de sabor. A los 6 días, sírvete un poco de kombucha en un vaso y pruébalo. Cuando esté listo, debería tener un sabor vibrante y efervescente, con un equilibrio entre las notas dulces y las amargas. Si aún no está listo, cierra la jarra con una tapa y déjala reposar durante unos días más antes de volver a probar el kombucha.

Cuando el kombucha esté «a tu gusto», cuélalo en botellas o jarras esterilizadas y guárdalo en el frigorífico. Refrigerado debería durar indefinidamente, pero con el tiempo irá adquiriendo un sabor avinagrado. Acuérdate de guardar la SCOBY y 500 ml del kombucha maduro para poder empezar con él la siguiente tanda.

FERMENTACIÓN SECUNDARIA

Si quieres añadir algún aroma o más efervescencia al kombucha, agrega un poco de azúcar para activar una segunda fermentación y algún ingrediente aromático, como restos de frutas y verduras, hierbas o especias.

Una vez que hayas embotellado el kombucha, añade 1 cucharada de azúcar sin refinar por cada litro y remuévelo. Si quieres aromatizarlo, incorpora también 50 g de restos de frutas o verduras, una ramita de alguna hierba aromática o una pizca de especias por litro.

Cierra bien las tapas y deja reposar a temperatura ambiente durante 2-6 días. Abre las tapas cada día (para que los gases puedan escapar y evitar así que las botellas estallen) y prueba el kombucha.

Una vez te satisfagan el sabor y el nivel de carbonatación, mete las botellas en el frigorífico, donde el kombucha aromatizado se conservará durante, como mínimo, 1 mes.

Algunas ideas de combinaciones de restos de frutas y verduras, hierbas aromáticas y especias:

Cáscara de limón exprimido y ralladuras de jengibre fresco

Piel de manzana y corteza de canela

Cáscara de naranja y flores de diente de león

Zumaque y pétalos de rosa

Frondas de hinojo y tallos de menta

¿QUÉ PUEDES HACER SI EL KOMBUCHA FERMENTA MUY LENTAMENTE?

Si el kombucha tarda mucho en fermentar, es posible que la temperatura ambiente sea demasiado fría o que el agua tenga demasiado cloro. Primero, intenta trasladar el kombucha a un punto más cálido, por encima de los 24 °C. Si la SCOBY de kombucha aún no flota pasada otra semana, no ha generado una capa nueva o tiene moho, tendrás que sustituirla y volver a empezar.

DARSE UN RESPIRO

Si ya tienes kombucha suficiente y quieres tomarte un respiro de prepararlo, solo tienes que dejar la SCOBY en el líquido de kombucha y conservarla en el frigorífico hasta que decidas volver a empezar el proceso de fermentación. Refrigerada, debería conservarse durante varios meses.

VINAGRE DE KOMBUCHA

Si tienes una SCOBY de kombucha lo bastante grande para poder partirla en dos, puedes transformar la segunda tanda de kombucha en vinagre. Sigue las instrucciones para la fermentación primaria en la página siguiente, pero deja reposar el kombucha a temperatura ambiente durante 4-8 semanas, hasta que el líquido se avinagre mucho. Entonces embotéllalo y séllalo.

CARAMELO DE KOMBUCHA

La SCOBY de kombucha crecerá cada vez que la uses para preparar una tanda de kombucha. Cuando se espese, puedes separar las capas y guardar la parte más fresca para hacer más kombucha. Con el resto, puedes hacer caramelo (abajo) y recurrir a él cuando te apetezca algo dulce, o también puedes regalárselo a algún amigo.

1 SCOBY de kombucha, de al menos 1 cm de grosor
el mismo peso de azúcar no refinado
un chorro de kombucha

Precalienta el horno a 180 °C. Forra una bandeja de horno con papel de horno sin blanquear.

Enjuaga la SCOBY de kombucha con agua fría bajo el grifo. Retira los filamentos y corta el resto en dados de 2,5 cm.

Pon los dados de SCOBY de kombucha en una cazuela de fondo grueso, añade el azúcar y un chorro de kombucha. Lleva la cazuela a ebullición poco a poco, sin dejar de removerla para que el azúcar se disuelva. Sin alejarte para poder vigilarlo, déjala hervir a fuego lento durante 8-10 minutos, o hasta que el líquido se haya evaporado y el azúcar empiece a espesarse. Saca los caramelos con una rasera y disponlos sobre la bandeja de horno forrada. Hornéalos durante 8 minutos o hasta que empiecen a oscurecerse. Deja que se enfríen antes de servirlos.

KOMBUCHA SIN TÉ

Para 2 litros

Una vez hayas aprendido a elaborar el kombucha tradicional a base de té, puedes retirar una capa de SCOBY de la madre de kombucha y experimentar con distintas bases para inventar tu propia bebida. Sin el té negro para alimentar la SCOBY, esta será menos estable, por lo que conserva siempre al mismo tiempo una SCOBY de kombucha tradicional con té.

una jarra de fermentación de 3 litros esterilizada, una muselina esterilizada o un paño limpio, y una goma elástica o un cordel

130 g de azúcar sin refinar

300 ml de kombucha maduro

1 SCOBY de kombucha

Para aromatizar

200 g de manzanilla, flores de saúco, ortigas, romero o café recién molido (u 800 g de posos de café)

Vierte 2 litros de agua hirviendo en una jarra de cerámica o de vidrio resistente al calor, añade el azúcar y remueve. Incorpora los aromáticos que hayas elegido y deja reposar la mezcla durante toda la noche.

Usa un colador no metálico para colar el agua aromatizada en la jarra de fermentación. Agrega el kombucha maduro y deposita con cuidado la SCOBY en la superficie. Cubre la jarra con la muselina, o el paño, y fíjala con la goma o el cordel.

Deja fermentar la bebida durante 6-18 días en una parte templada de la cocina y pruébala cada día hasta que el sabor te satisfaga. Cuélala en botellas y reserva 300 ml para la siguiente tanda. Mete las botellas en el frigorífico o ferméntalas por segunda vez si quieres una bebida más carbonatada.

JUGO DE KOMBUCHA

Para 2 litros

Si quieres obtener los mejores resultados, exprime tú mismo la fruta o la verdura que quieras transformar en kombucha. Usa la pulpa sobrante para elaborar la hamburguesa de pulpa vegetal de la página 106.

una jarra de fermentación de 3 litros esterilizada, una muselina o un paño limpio, y una goma elástica o un cordel

2 litros de zumo de fruta sin pasteurizar (p. ej., manzana, albaricoque, apio, uva espina, naranja, mora, zanahoria, acedera, ciruela o hinojo)

azúcar sin refinar, al gusto

300 ml de kombucha maduro

1 SCOBY de kombucha

Vierte el zumo en la jarra de fermentación y añade azúcar al gusto. Agrega el kombucha maduro y coloca con cuidado la SCOBY sobre la superficie, para que flote. Cubre la jarra con la muselina, o el paño, y ciérrala bien con la goma o el cordel.

Déjalo fermentar durante 6-18 días en una parte templada de la cocina y pruébalo cada día hasta que el sabor te satisfaga. Cuélalo en botellas y reserva 300 ml para la siguiente tanda. Mete las botellas en el frigorífico o ferméntalas de nuevo si quieres una bebida más carbonatada.

OTRAS BEBIDAS Y CALDOS

ATESORA EL CALDO

El caldo es muy fácil de hacer y constituye una manera fantástica de usar restos de verduras, tallos fibrosos, piel de cebolla y otras partes duras que, de otro modo, tiraríamos a la basura. Para evitarlo, guardo en el frigorífico o el congelador una caja pequeña donde voy metiendo los restos que luego uso para hacer caldo. Puedes empezar una vez hayas acumulado unos 100 g en peso.

Vierte los restos de verduras en un colador y enjuágalos bien con agua fría bajo el grifo. Pásalos a una cazuela, cúbrelos con agua fría y añade los aromáticos que tengas disponibles (p. ej., laurel, pimienta, ajo, hierbas). Lleva a ebullición la cazuela y déjala hervir a fuego lento durante 35 minutos.

Retira la cazuela del fuego y deja que se enfríe sin colar las verduras, para darles tiempo a infusionar. Sazona el caldo y cuélalo sobre una cazuela limpia. Tómalo tal cual o úsalo para enriquecer sopas, guisos y salsas.

CALDO DE ALGA KELP/SHIITAKE

Para 500 ml

El alga kelp (o kombu, como la llaman en Japón, donde la usan con asiduidad) es una proteína sostenible, rica en fibra soluble y rebosante en vitaminas A, B, C, D y E, en función de la especie. A pesar de que son muy bajas en grasas, las algas están repletas de ácidos grasos omega-3.

El kombu *dashi* y el shiitake *dashi* son caldos japoneses muy sencillos que dan un toque de umami a cualquier plato salado.

1 trozo de alga kelp seca de 5 cm
3 hongos shiitake pequeños, opcionales

Vierte 500 ml de agua en una jarra o un cuenco de vidrio. Añade el alga kelp y los shiitake, si has decidido usarlos, y déjalos en remojo a temperatura ambiente durante un mínimo de 1 hora o toda la noche en el frigorífico. Cuela el caldo sobre un cuenco limpio y úsalo cuando lo necesites.

En Japón, tienen una tradición a la que llaman «el espíritu de *mottainai*». *Mottainai* se traduce, literalmente, como «menudo derroche», pero significa mucho más que eso. Es un término que usan con frecuencia los ecologistas y los defensores del residuo cero (*zero waste* en inglés) y encarna la tradición de aprovechamiento total, que consiste en ver el valor de cosas a las que, normalmente, no le daríamos ninguno. Practica el espíritu del *mottainai* y elabora un segundo caldo con el alga kelp y los shiitake que has usado, haciéndolos hervir a fuego lento durante 30 minutos en 500 ml de agua. Luego puedes usar la kelp y los shiitake una tercera vez, en un guiso o una sopa.

El caldo se conservará en el frigorífico hasta 3 días o durante varios meses en el congelador.

CORDIAL DE FLORES DE SAÚCO

Para 2 litros

Para los mejores resultados, elabora el cordial con cabezas de flor de saúco recién abiertas y fragantes.

30 cabezas de flor de saúco

la ralladura y el jugo de 3 limones sin encerar

la ralladura y el jugo de 2 naranjas sin encerar

900 g de azúcar sin refinar

Pon las cabezas de flor de saúco en un recipiente grande, resistente al calor y no metálico y añade las ralladuras de limón y de naranja. Vierte 1,5 litros de agua hirviendo y presiona las cabezas de flor de saúco, para asegurarte de que quedan sumergidas. Cubre el recipiente con una tapa o con un paño limpio y deja infusionar la mezcla durante toda la noche.

Por la mañana, cuélala a través de una muselina sobre una cazuela grande de fondo grueso. Añade el jugo de los cítricos y el azúcar y calienta a fuego medio. Lleva lentamente la mezcla a ebullición y remuévela para disolver el azúcar. Retira la cazuela del fuego y vierte el líquido en botellas esterilizadas. Guárdalas indefinidamente en un armario oscuro y, una vez las abras, en el frigorífico.

AGUA DE CEBADA

Para 2 litros

Beber el agua de cocción de los cereales es la manera definitiva de obtener hasta el último nutriente de nuestros alimentos y de no desperdiciar nada. Las aguas de cereales se beben desde hace miles de años y es una práctica que ofrece muchos beneficios para la salud.

150 g de cebada

100 g de azúcar sin refinar

la ralladura y el jugo de 2 limones sin encerar

hielo y ramitas de menta, para servir

Pon la cebada en una cazuela grande de fondo grueso y cúbrela con 2 litros de agua. Llévala a ebullición, tapa la cazuela y déjala hervir a fuego lento durante 30 minutos.

Cuela la cebada sobre una jarra y guarda todo el líquido de cocción. (Usa la cebada para hacer una ensalada o para acompañar tu próxima comida.) Añade la ralladura de limón y déjala enfriar antes de añadir el jugo de limón. Remueve la jarra y métela en el frigorífico durante un par de horas antes de usarla. Sírvela en vasos largos, con mucho hielo y ramitas de menta.

Infusión de diente de león, amor de hortelano y mejorana

INFUSIÓN DE HIERBAS DE JARDÍN

Las bolsitas de té, así como los envases que las contienen, acostumbran a tener plástico. Para aliviar tu conciencia y ahorrar dinero al mismo tiempo, compra hojas de té a granel e invierte en un colador o en un infusor de té. O da un paso más y cultiva tus propias hierbas para tisana y combínalas con especias exóticas.

Puedes preparar infusiones deliciosas tanto con hierbas frescas como secas y las combinaciones de plantas no tienen límite. Si necesitas energía, experimenta con pepitas de cacao, jengibre, menta, orégano, romero y/o cúrcuma fresca. O, si te quieres relajar, cualquiera de las siguientes debería irte bien: manzanilla, cilantro, hinojo, jazmín, lavanda, hierbaluisa, salvia, tomillo, albahaca morada o albahaca. Cada una de ellas tiene sus propias propiedades curativas, y seguro que te divertirás explorándolas e investigándolas.

FERMENTOS, ENCURTIDOS Y CONSERVAS

Estas intensas verduras son un gusto adquirido que merece mucho la pena adquirir. Aunque, al principio, es posible que su sabor te resulte nuevo (amargo, efervescente e incluso con notas a queso), no tardarás en descubrir que te encanta. Son maravillosas como condimento y también las puedes usar como ingrediente indispensable para añadir profundidad a un plato. La lactofermentación es un proceso controlado que promueve la proliferación de bacterias beneficiosas (principalmente lactobacilos) que transforman el azúcar en ácido láctico, un conservante natural. Consumir alimentos probióticos es una manera fácil de mejorar la salud y de asegurarnos de contar con las bacterias beneficiosas que necesitamos para hacer la digestión y mantener el cuerpo, los intestinos y la mente conectados y en buen funcionamiento.

La fermentación es una buena manera de aprovechar al máximo los productos de temporada o los excedentes que tengas en el frigorífico. En nuestro restaurante recurrimos a este método siempre que tenemos exceso de algún producto y necesitamos usarlo. Por un lado, acabamos ahorrando dinero y, por el otro, creamos ingredientes nuevos, imaginativos y deliciosos.

CÓMO ESTERILIZAR UNA JARRA

Lava la jarra en agua caliente y enjuágala bien. Métela boca abajo en un horno apagado y frío y enciéndelo a 150 °C. Cuando alcance esa temperatura, apaga el horno y deja que la jarra se enfríe dentro. Para esterilizar la tapa, viértele agua hirviendo por encima y déjala así 1 minuto antes de escurrirla.

EL MOHO NO SIEMPRE ES MALO

Algunos alimentos, como el queso, el tempeh o el *natto* miso, son deliciosos precisamente por el moho que se forma durante su producción.

Es muy probable que, durante la fermentación, aparezca algo de moho superficial. No te preocupes, es absolutamente normal y no afectará a la fermentación. A no ser que seas alérgico, comer moho blanco es seguro. Comprueba los fermentos cada pocos días y retira con una cuchara el moho que se haya formado, recogiéndolo cuidadosamente desde abajo. Si el moho ha empezado a tomar color, ten aún más cuidado, porque este sí que puede ser perjudicial. Asegúrate de que has retirado todo el moho, así como los ingredientes afectados justo debajo de él. Luego, comprueba que el resto de verduras tienen una consistencia firme y huelen bien. Si están blandas, huelen a moho o demasiado a queso, úsalas como compost. Si te olvidas de controlarlas y te las encuentras cubiertas de moho de colores, lo mejor es emplearlas como compost y volver a empezar.

Una vez hayas retirado el moho, pasa un paño limpio empapado en vinagre por la zona y asegúrate de que los ingredientes están cubiertos con la salmuera empujándolos hacia abajo con una cuchara de madera. Si no quedan cubiertos, añade un poco de agua filtrada y sal hasta que lo estén.

EL SALADO EN SECO Y EL CHUCRUT

Para 400 g

Aunque el chucrut se suele elaborar con col y otras verduras de hoja verde a las que se añade sal, lo cierto es que se puede usar cualquier otra fruta o verdura cortada en juliana o rallada y luego fermentada. También se pueden añadir otros sabores con hierbas o especias como las semillas de alcaravea o el eneldo. Para salar una verdura en seco, necesitarás un 3 por ciento de su peso en sal a fin de garantizar una fermentación y un sabor adecuados. Así que por cada 200 g de verdura, cuenta 6 g, o una cucharadita colmada, de sal.

una jarra grande esterilizada, con tapa (izda.)

400 g de cualquier verdura de temporada, lavada

12 g de sal marina

Corta en juliana, o ralla, las verduras con un cuchillo, mandolina o rallador, y ponlas en un cuenco. Espolvorea la sal por encima y mezcla la verdura bien con las manos, como si la amasaras, hasta que esta empiece a soltar jugo.

Mete la verdura y todo el jugo que haya soltado en la jarra esterilizada y apriétala bien. Cuando la jarra esté llena hasta el borde, vuelve a aplastar la verdura para asegurarte de que quede completamente cubierta por el líquido. Si es necesario, para evitar que se eche a perder, añade unas gotas de agua filtrada y una pizca de sal hasta que el líquido quede por encima de la superficie de las verduras. Pon la tapa y déjala fermentar a temperatura ambiente durante un mínimo de 4 días. A esas alturas, la verdura tendría que empezar a burbujear (y si pruebas el líquido, debería estar algo ácido). Ahora puedes continuar fermentando el chucrut a temperatura ambiente durante meses o incluso años o, si prefieres un sabor más suave, puedes meter la jarra en el frigorífico, lo que detendrá el proceso de fermentación. Si es la primera vez que fermentas un alimento, te recomiendo que prepares dos jarras y que metas una en el frigorífico y dejes la otra fuera. Prueba las dos a medida que vayan fermentando y fíjate en la diferencia de sabores.

FERMENTACIÓN EN SALMUERA

Usa la salmuera para fermentar verduras enteras, como pepinillos, o trozos duros y grandes que no se pueden masajear con sal para extraerles el líquido.

Para preparar la salmuera, calcula un 5 por ciento del peso del agua en sal: por lo tanto, por cada litro de agua filtrada, usa 50 g de sal marina.

Necesitarás una o varias jarras esterilizadas con tapa (pág. 221).

Lava las verduras que hayas elegido y déjalas enteras o córtalas en palitos, rodajas o dados del tamaño que prefieras. Elige una hierba o una especia aromática para añadir sabor al fermento.

Mete las verduras bien apretadas en la jarra esterilizada y deja algo de margen arriba. Estima la cantidad de litros de salmuera que necesitarás para cubrir las verduras. Prepara la salmuera añadiendo 50 g de sal por litro de agua filtrada y removiéndola hasta que se disuelva. Luego viértela sobre las verduras mientras te aseguras de que queden totalmente sumergidas. Si has decidido usar hierbas aromáticas o especias, echa una pizca ahora.

Deja fermentar a temperatura ambiente durante un mínimo de 4 días o hasta que empiecen a aparecer burbujas. En ese momento debes dejar la jarra a temperatura ambiente para que siga fermentando o bien meterla en el frigorífico para detener la fermentación. Las verduras en salmuera se conservan durante 1 mes en el frigorífico.

Cuatro ideas de combinaciones que usar en la fermentación:

Ruibarbo, hoja de laurel

Tomates, mejorana

Colirrábano, hierba limón, semillas de cilantro

Colinabo, hojas de curri, chile

ENCURTIDO RÁPIDO

Para 500 ml

Además de sal, también puedes usar vinagre para conservar ingredientes y, por supuesto, puedes probar vinagres de distintos tipos para añadir aromas y acidez y dar a los encurtidos un sabor delicioso.

400 g de cualquier verdura de temporada, lavada

100 ml de vinagre de manzana crudo (pág. 223), o de otro tipo

20 g de sal marina

1 cdta. de azúcar sin refinar

2 o 3 pizcas de cualquier hierba aromática o especia entera

Trocea las verduras en bastoncitos, cubos o rodajas del tamaño que quieras.

Vierte 275 ml de agua en una cazuela y añade el vinagre, la sal, el azúcar, las hierbas y las especias que hayas decidido usar. Calienta la cazuela a fuego medio y llévala a ebullición.

Mientras, llena la jarra esterilizada con las verduras preparadas. Vierte la salmuera hirviendo sobre las verduras, asegúrate de que las cubre por completo y pon la tapa encima. Espera a que la salmuera se haya enfriado del todo antes de cerrar bien la tapa.

Consume inmediatamente o guarda la jarra en un lugar fresco y oscuro hasta 1 año. Una vez abras la jarra, mantenla en el frigorífico.

GARBISO (Miso de garbanzo)

Para unos 1,5-2 kg

El miso es muy fácil de hacer y puedes estar seguro de que los 6 meses (largos) que tarda en fermentar y estar listo para comer merecen mucho la pena. Una vez preparado, podrás disfrutar de tu propio miso durante los dos años siguientes, a lo largo de los cuales seguirá fermentando y cambiando de sabor.

El miso contiene una compleja variedad de bacterias y de hongos que son beneficiosos para la salud, como el *Aspergillus oryzae*, un hongo presente en el *koji* (arroz o cebada fermentados), uno de los ingredientes clave. Usa el miso de garbanzo para aromatizar sopas y guisos o para marinar verduras, o bébelo en forma de infusión salada.

500 g de garbanzos secos, en remojo durante una noche y escurridos

500 g de *koji* de arroz o de cebada (disponible en supermercados asiáticos y en internet)

150 g de sal marina, y un poco más para sellar la parte superior

2 cdtas. de miso de garbanzo o miso del año pasado, mezcladas con 50 ml de agua templada, opcional

En una cazuela con agua abundante, lleva a ebullición los garbanzos en remojo y escurridos y hiérvelos a fuego lento durante 10 minutos. Retira con una rasera la espuma que vaya apareciendo. Tapa la cazuela y prolonga el hervor a fuego lento durante 1 hora o hasta que los garbanzos estén tiernos. Aparta la cazuela del fuego y deja que los garbanzos se enfríen en el líquido de cocción.

Escurre los garbanzos en un colador sobre una jarra y reserva el líquido de cocción. Pasa los garbanzos a un robot de cocina y tritúralos hasta que obtengas una pasta gruesa. Si es necesario, añade unas cucharadas del líquido de cocción y usa el resto para hacer aquafaba (pág. 214).

Deposita el *koji* en un cuenco grande, agrega los 150 g de sal y remuévelo. Añade ahora la pasta de garbanzos y el miso con el agua templada, si has decidido usarlo. Mezcla bien hasta que obtengas una pasta espesa y ligeramente húmeda. Agrega más agua si es necesario. Haz bolas compactas con las manos y golpéalas con fuerza para eliminar el aire que puedan contener.

Pon las bolas en un recipiente grande de cerámica o de plástico y aplástalas hacia abajo con los nudillos, para expulsar las bolsas de aire que puedan quedar en su interior. Alisa la superficie y espolvoréala con sal, hasta que la cubras completamente con una capa delgada que la proteja de la oxidación. Tapa el recipiente con una hoja de papel de horno sin blanquear y pon encima un plato y una piedra o un peso que pesen aproximadamente lo mismo que la mezcla (unos 1,5 kilos).

Deja que fermente en un lugar oscuro y fresco durante al menos 6 meses y hasta 3 años. Comprueba el miso a los 6 meses; verás que se ha formado algo de moho, pero solo tienes que rasparlo, así como a la capa de miso inmediatamente inferior. El miso que hay por debajo, que ha estado completamente protegido del aire, estará perfectamente bien. Remueve el miso y vuelve a ponerlo en el mismo recipiente, asegurándote de que no queden bolsas de aire. Sigue fermentándolo indefinidamente y… ¡a disfrutar!

VINAGRE DE MANZANA CRUDO

Una manzana cada día de médico te ahorraría. Un chorro de vinagre de manzana crudo al día puede ayudarte a mejorar la salud, porque no solo facilita la digestión, sino que te ayuda a perder peso y a disminuir los niveles de colesterol y de glucosa. El vinagre de manzana es más que un ingrediente sabroso, también es una tintura depurativa, sencilla y al alcance de todos los bolsillos.

Para asegurarte de que tienes un buen producto, usa manzanas orgánicas, sin los pesticidas y los fungicidas que se aplican a la fruta convencional. Yo congelo la piel y los corazones de las manzanas orgánicas hasta que tengo una cantidad suficiente para hacer vinagre, aunque se puede preparar también con la fruta entera. Si solo puedes acceder a manzanas no orgánicas, pélalas y composta la piel.

Corta las manzanas orgánicas, o las pieles y los corazones de las mismas, en trozos grandes y mételos en un recipiente grande que no sea de metal. En otro recipiente, añade 240 ml de agua filtrada y una cucharadita colmada de azúcar refinado por cada manzana y remueve bien para disolver el azúcar. Pon el recipiente con las manzanas sobre una báscula y vierte dentro el agua con azúcar. Luego llena el resto de la jarra con agua filtrada, hasta que las manzanas queden cubiertas. Mira el peso que marca la báscula y añade unos 30 ml de vinagre de manzana crudo por litro de agua, para añadir acidez al líquido y activar el proceso de fermentación. Lastra las manzanas con un peso de fermentación o con un objeto limpio y pesado que no sea de metal, como una piedra o una jarra. Tapa la jarra con una muselina o con un paño limpio y fíjalos con una goma elástica o un cordel.

Deja la jarra en un lugar al abrigo de la luz del sol directa durante 2-3 semanas. Remueve el contenido cada mañana con una cuchara de madera durante los 4 primeros días. Verás que el líquido empieza a fermentar y a burbujear. Al cabo de un par de semanas, cuando veas que las manzanas se hunden hasta el fondo de la jarra, vierte el líquido en un recipiente limpio con la madre, que se habrá empezado a formar (tiene un aspecto viscoso, como la SCOBY de kombucha) y déjalo reposar durante 4 semanas más, con la tapa puesta encima, pero sin apretarla. Una vez pasado ese tiempo, el vinagre estará listo para embotellar y guardar. Conserva la madre cuando se haya formado y un poco de vinagre, para la siguiente tanda.

SHRUBS: VINAGRES PARA BEBER

Me encanta añadir un par de cucharaditas de vinagre de manzana a los vasos de agua que voy a beber, porque les otorga una acidez y un amargor muy sutiles. Los *shrubs* son aún más deliciosos: son vinagres edulcorados (vinagre de kombucha, de manzana…) aromatizados con frutas y, con frecuencia, hierbas y especias, que se sirven como un cordial. Algunas de las interesantes combinaciones que puedes hacer son, por ejemplo, cereza y salvia, fresas y pimienta negra o naranja sanguina y menta.

Mezcla partes iguales de fruta y de vinagre en una botella o una jarra con una pequeña cantidad de hierbas o especias al gusto (con muy poco llegarás muy lejos, calcula 1 cdta. por cada 500 ml de agua). Agita la botella o la jarra con energía durante 30 segundos, para aromatizar el agua. Deja la botella o la jarra en la cocina, al abrigo de la luz solar directa, durante 1-2 semanas. Agítala una vez al día, para ayudar al proceso de aromatización. Cuela la pulpa de fruta (edulcórala y úsala como mermelada fermentada o compota) y vierte el líquido en una botella limpia con una cantidad igual de azúcar sin refinar. Agita bien la botella para disolver el azúcar y guárdala en el frigorífico.

LECHES VEGETALES, CREMAS, YOGURES Y CAFU

Tanto si bebes leche animal como si no, merece mucho la pena que explores las leches vegetales (preparadas con frutos secos, semillas, cereales y legumbres) tanto por su sabor como por su valor nutricional. Te recomiendo encarecidamente que las prepares tú mismo pero, si has de comprarlas, opta por productos orgánicos envasados en plástico o vidrio. Los tetra-briks y los envases de varias capas en los que se venden la mayoría de productos no son reciclables. Cuando compres leche de soja o tofu, busca primero productos certificados por Demeter (biodinámicos) y, si no los encuentras, adquiere productos orgánicos.

CAFU Y MOFU
(Tofu de calabaza y de cáñamo)

Para unos 400 g

300 g de pipas de calabaza o de semillas de cáñamo peladas

2 cdas. de jugo de limón sin encerar (o ½ cdta. de *nigari* disuelta en 120 ml de agua)

Pon las pipas de calabaza o las semillas de cáñamo en un cuenco, cúbrelas con abundante agua fría y déjalas en remojo durante 10-16 horas.

Escurre las semillas en remojo en un colador y pásalas a un robot de cocina. Añade 1 litro de agua y tritura a máxima potencia durante 1 minuto.

Vierte la mezcla en una cazuela y llévala a ebullición lentamente. Baja el fuego y hierve a fuego bajo durante 4 minutos. Retira del fuego, deja enfriar durante unos 10 minutos y añade el jugo de limón (o el agua con *nigari*).

Cuela la mezcla con una muselina limpia y sobre una prensa de tofu o un tamiz, y aplástala con un peso para extraer tanto líquido como sea posible. Retira el peso al cabo de 30 minutos y mete el tofu en el frigorífico hasta el día siguiente, para que cuaje. Guárdalo en el frigorífico en un recipiente hermético, donde se conservará hasta 1-2 semanas.

CREMA DE AVENA

Para 350 ml

50 g de copos de avena

2 cdas. de aceite de oliva virgen extra

Pon los copos de avena en una cazuela, añade 300 ml de agua hirviendo y déjalos en remojo durante 30 minutos. Vierte el contenido de la cazuela en un robot de cocina, incorpora el aceite y una pizca de sal y tritura todo hasta que obtengas una masa lisa. Guárdala en un recipiente hermético en el frigorífico y úsala en un plazo de 7 días. Agítala bien antes de usarla.

LECHE DE AVENA, CÁÑAMO O ARROZ

Para 750 ml

50 g de copos de avena, semillas de cáñamo o arroz integral orgánico

Pon el cereal que hayas elegido en un cuenco con agua fría, cúbrelo y déjalo en remojo hasta el día siguiente. Escúrrelo en un colador y enjuágalo con agua fría bajo el grifo. Si no tienes tiempo, sáltate este paso y tritura el cereal sin haberlo puesto antes en remojo.

Mete la avena, las semillas o el arroz empapados en un robot de cocina, añade 700 ml de agua y tritúralos durante 1 minuto. Cuela la mezcla por una muselina limpia o un tamiz muy fino y guárdala en un recipiente hermético en el frigorífico. Úsala en un plazo de 7 días y agítala bien antes de usarla.

Si quieres una versión dulce, tritura los cereales o las semillas junto a 4 dátiles, 2 cdtas. de aceite de oliva virgen extra y, si lo deseas, una vaina de vainilla de 3 cm (o 2 cdtas. de extracto de vainilla). Si vas a preparar *panna cotta* de leche de cáñamo (pág. 204), usa 8 dátiles.

YOGUR Y *LABNEH*

Para 400-500 ml

300 g de cualquier fruto seco o semilla, en remojo durante 12 horas y luego escurrido, conservando el líquido

60 g de yogur vegetal activo (ya sea comprado en tienda o de una tanda anterior)

1 cdta. de sal marina (para *labneh* salado)

1 cda. de azúcar sin refinar u otro edulcorante (para *labneh* dulce)

Pon los frutos secos o las semillas en un robot de cocina y tritúralos con un poco del líquido del remojo hasta que obtengas una consistencia lisa. La cantidad exacta de líquido dependerá de lo espeso o líquido que quieras que sea el yogur. Si vas a hacer *labneh*, la consistencia ha de ser más espesa.

Para el yogur, tritura durante 1 minuto a máxima potencia a fin de garantizar que la textura sea muy suave. Añade el yogur vegetal activo, vierte la mezcla en un recipiente hermético y déjalo reposar en el frigorífico hasta el día siguiente.

Para el *labneh*, agrega la sal o el azúcar/edulcorante y luego pásalo a un colador forrado con una muselina o un paño limpio sobre un cuenco. Métrelo todo en el frigorífico durante 3-6 horas, para que cuaje. Guarda el yogur de frutos secos o el *labneh* en el frigorífico, donde se conservará hasta 1 o 2 semanas.

PANES Y MASAS PARA HORNEAR

MASA MADRE SIN AMASAR

La masa madre es absolutamente maravillosa. Bastan tres ingredientes (harina, agua y sal) y una técnica básica bien aprendida para producir lo que, en mi opinión, es el alimento más exquisito conocido para la humanidad, el pan. La masa madre se levanta usando levaduras naturales presentes en el aire, en la harina y en nuestras propias manos. Gracias a la fermentación, creamos un entorno seguro para que estas levaduras proliferen junto con bacterias beneficiosas, como los lactobacilos. Estas levaduras son agentes leudantes con gran capacidad para hacer subir la masa de pan.

Aunque al principio hay mucho que aprender, las claves para elaborar masa madre son muy sencillas y, con el tiempo, descubrirás que te resulta muy satisfactorio prepararla en casa. Si es la primera vez que preparas masa madre, antes de empezar lee toda la receta (y toma notas, si es necesario). A medida que te vayas familiarizando con el proceso, busca vídeos sobre cómo «tensionar» y «moldear» el pan, para poder actuar intuitivamente cuando elabores el tuyo.

A continuación encontrarás mi receta preferida para hornear pan de masa madre integral. Una vez que la domines, puedes empezar a usar distintos tipos de harinas, como de kamut, escanda o espelta, y otros ingredientes, como brotes, semillas o frutas secas.

HACER TU MASA MADRE DESDE EL PRINCIPIO

La masa madre se prepara con dos ingredientes muy básicos: harina y agua. Es fácil de hacer en casa pero requiere tiempo, por lo que si quieres empezar rápido y conoces a alguien que hace pan en casa o tienes confianza con tu panadero, pídele un poco de la suya. Si son verdaderos entusiastas, estarán encantados de compartirla contigo.

Debes alimentarla con una mezcla de harina y de agua a intervalos regulares para mantenerla viva y activa, y, para darle las mayores probabilidades de sobrevivir, elige harina integral o de centeno orgánicas, porque tienen más levaduras y bacterias vivas, además de agua filtrada. Si no tienes filtro de agua, llena un recipiente de boca ancha con agua de grifo y déjala reposar durante varias horas para eliminar el cloro, que inhibe la fermentación.

Si quieres hacer tu propia masa madre, sigue estos pasos:

1   En una jarra mediana, mezcla 1 cucharada de harina y 1 cucharada de agua filtrada. Pon la tapa sobre la jarra (pero no la cierres) y déjala reposar en una zona templada de la cocina durante 2-3 días. Al cabo de varios días, cuando veas que empiezan a aparecer burbujas de aire en la mezcla (y que emite un intenso olor ácido), la masa madre ya estará lista para que la alimentes.

2   Por la tarde, duplica la mezcla añadiendo 1 cucharada de harina y 1 cucharada de agua filtrada. A la tarde siguiente, añade 2 cucharadas de cada. A la tarde siguiente, vuelve a duplicar la cantidad e incorpora 4 cucharadas de harina y 4 cucharadas de agua filtrada. Ahora, la masa madre debería haber adoptado una pauta regular y empezar a activarse varias horas después de haber sido alimentada. Si la examinas de cerca, debería estar hinchada, con burbujas y bolsas de aire. Ya puedes empezar a hacer pan.

*   *Si tu masa madre es lenta y no burbujea ni se activa, es posible que tengas que volver a empezar, pero no la tires toda. Retira toda la mezcla, excepto una cucharada, y vuelve a empezar desde el principio. (Podrás usar la masa madre que te sobre para hacer tortitas de masa madre, pág. 58.)*

ALIMENTAR A LA MASA MADRE

Empieza a alimentar a la masa madre 3 días antes de comenzar a hacer el pan, para asegurarte de que está viva y activa, lista para hornear. Empieza con solo 2 cucharadas de masa madre y sigue el método del paso 2 (arriba) para alimentarla durante 3 días hasta que haya crecido y esté activa. Cuanto más frecuentemente alimentes a la masa madre y hagas pan, más sana estará.

Como guía de alimentación, duplica su tamaño cada vez que la alimentes. Por ejemplo, si tienes 60 g o 4 cucharadas de masa madre, añade 30 g de harina y 30 g de agua filtrada, para duplicar su tamaño y garantizar que tenga «comida» suficiente.

No te olvides de guardar como mínimo 2 cucharadas de masa madre para la siguiente tanda cada vez que hagas pan. Ponla en una jarra limpia y empieza el proceso de alimentación de nuevo. Si quieres hacer un parón de preparar pan, guarda 2 cucharadas en el frigorífico y aliméntala cada 2 semanas, duplicando la cantidad cada vez. Si la superficie se vuelve gris o algo negra, o desarrolla moho blanco, es absolutamente normal. Retira la parte con el moho y usa parte de masa madre intacta para la siguiente tanda.

A.

B.

C.

D.

PREPARAR PAN DE MASA MADRE

Día 1: Preparar la base

30 g de agente leudante activo (masa madre)

100 g de harina integral orgánica

100 g de agua filtrada

Al final de la tarde anterior al día que quieras hacer pan, prepara la base mezclando en una jarra grande el agente leudante activo con la harina y el agua. Tapa la jarra, pero sin apretarla, y déjala en un lugar templado hasta el día siguiente.

Día 2: Hacer el pan

Empieza a hacer el pan entre 6-12 horas después de haber preparado la base, cuando esté madura, viva y burbujeante. Para comprobar que está lista, añade 1 cucharadita de base al agua filtrada: si flota o se queda suspendida en el agua, está preparada; si se hunde, usa la mitad de la base como compost (o para hacer tortitas) y alimenta la otra mitad con 50 g de harina y 50 g de agua filtrada y espera a que acabe de madurar, aproximadamente unas 2 horas.

Para 1 hogaza grande (aproximadamente 1 kg)

1 kg de harina integral orgánica	100 %
650 g de agua filtrada	65 %
200 g de base leudante	20 %
20 g de sal marina	2 %

harina de arroz/trigo, para espolvorear

1   Autolisis: pon el agua en un cuenco grande y añádele la base viva, que ha de flotar. Incorpora la harina y remuévela hasta que obtengas una masa pegajosa. Cubre el cuenco con un paño limpio y déjalo reposar durante unos 30 minutos. Espolvorea la superficie de la masa con sal, salpícala con unas gotas de agua y amásala para que se mezcle bien. Vuelve a tapar el cuenco con el paño y déjalo reposar a temperatura ambiente durante otros 30 minutos.

2   Fermentación primaria (hilera A de fotografías en la pág. 227): para construir la estructura del gluten, en lugar de amasar el pan yo prefiero «girarlo» en un cuenco estirando una punta de la masa, haciéndola pasar por encima de la bola de masa y presionándola. Gira las otras

tres «puntas» de la masa de la misma manera. Programa un temporizador para que suene a los 30 minutos y repite el proceso. Hazlo cinco veces más, en intervalos de 30 minutos a lo largo de un periodo de 4 horas. Cada giro debería tardar solo unos segundos. Antes de hacerlo humedécete las manos para que la masa no se te pegue a los dedos.

3   Tensionado y reposo (hilera B de fotografías en la pág. 227): por la tarde (aproximadamente 30 minutos después del último giro), tensiona la superficie de la masa. Pásala a una superficie de trabajo y, con una espátula para pan o las manos, tira de la masa hacia ti mientras la presionas ligeramente sobre la superficie de trabajo. La fricción tensionará la forma y la superficie de la masa. Repite el proceso tres veces más, girando la masa un cuarto en sentido horario cada vez. Déjala reposar sobre la superficie de trabajo durante 20 minutos.

4   La forma final (hileras C y D de fotografías en la pág. 227): enharina ligeramente la superficie de la masa, dale la vuelta y tira con cuidado de cada esquina de la masa para formar un cuadrado. Haz seis pliegues y forma un hatillo con la masa: tira de la esquina superior izquierda hacia el centro de la masa y presiona, luego haz lo mismo con la esquina superior derecha, la del centro izquierda, el centro derecha, la inferior izquierda y la inferior derecha. Termina formando una bola redonda con el hatillo.

5   Segunda fermentación: pasa la masa a un cesto de pan enharinado (con una mezcla de harina de arroz y de trigo), con la cara lisa mirando hacia abajo. Si no tienes un cesto de pan, enharina muy generosamente un paño limpio, forra con él un cuenco grande y pon la masa dentro. Si vas a hornearla ese mismo día, cúbrela y déjala reposar a temperatura ambiente. Si prefieres hornearla a la mañana siguiente, retrasa la fermentación poniendo el cesto cubierto en el frigorífico; esto intensificará el sabor amargo y hará que el pan sea aún más fácil de digerir. Basa la decisión en el tiempo de que dispongas y en tus preferencias de sabor.

La noche (o el día 3, si has refrigerado la masa)

6   Última fermentación: deja reposar durante 3-4 horas a temperatura ambiente (si vas a hornear la masa el mismo día), hasta 12 horas en el frigorífico (si vas a hacerlo el día siguiente) o hasta que la masa haya subido la mitad. Precalienta una campana, una cazuela para horno grande (con tapa) o una bandeja de horno en un horno precalentado a 230 °C.

7   Horneado: saca cuidadosamente la campana, cazuela o bandeja del horno caliente y deposita dentro (o encima, según el utensilio) la masa. Marca la parte superior con un cuchillo muy afilado o una navaja, pon la tapa (si tienes) y hornéala durante 25 minutos. Quita la tapa (¡ojo con el vapor!) y hornéala durante 25 minutos más. Saca el pan del horno, ponlo sobre una rejilla para que se enfríe... ¡y a disfrutar!

PAN Y *FARLS* DE SODA

Para 1 pan de soda pequeño o 4 *farls*

Preparar tu propio pan es una de las cosas más liberadoras y satisfactorias que se puedan hacer, tanto si tardas 30 minutos, como con esta receta, o 2-3 días, como con el pan de masa madre. A pesar de que merece la pena gastarse el dinero, comprar buen pan puede ser caro, por lo que si lo haces en casa dispondrás de pan orgánico recién hecho, delicioso, elaborado con una variedad de cereales nutritivos y por menos dinero del que te costaría una hogaza de pan blanco en rebanadas. Moler tus propios cereales supone dar aún otro paso más, pues aprovecharás al máximo los ingredientes, aumentarás el valor nutricional, te saldrá muy a cuenta y, además, te costará poco. El molino de cereales es mi aparato preferido en la cocina, pero no hace falta que inviertas en uno si no quieres. Puedes hacer harina con un robot de cocina de buena calidad en cuestión de segundos.

Cuando me quedo sin pan y lo necesito con urgencia, preparo este pan de soda o unos *farls*, unos panes de soda tradicionales irlandeses con forma de cuadrado y que se cuecen en la plancha.

100 ml de leche vegetal (pág. 224) o de agua

2 cdtas. de vinagre

1 cdta. de sal marina

200 g de cereales integrales (p. ej., espelta, farro, kamut, etc.) o harina integral, y un poco más de harina para enharinar

1 cdta. de bicarbonato

6 g de algas secas, troceadas, opcionales

50 g de semillas variadas, opcionales

Vierte la leche o el agua en una jarra, añade el vinagre y la sal y remueve la combinación. En un cuenco grande, mezcla la harina y el bicarbonato, forma un pozo en el centro y agrega las algas, si has decidido usarlas, y el líquido que acabas de preparar. Remueve bien la masa, hasta que quede suelta, pero no demasiado pegajosa. Añade un poquito más de agua o de harina, si es necesario.

Para hacer pan de soda, precalienta el horno a 180 °C.

Pasa la masa a una superficie de trabajo ligeramente enharinada y dale forma de bola. Humedece la parte superior salpicándola de agua y espolvoréala con semillas por encima, si has decidido usarlas. Ahora, marca con un cuchillo una cruz en la hogaza y pásala a una bandeja de horno. Hornea la masa durante 15-20 minutos, o hasta que se empiece a tostar por arriba.

Para los *farls*, precalienta a fuego medio una plancha estriada.

Pasa la masa a una superficie de trabajo ligeramente enharinada y darle forma de bola. Con la palma de la mano, aplana la bola hasta convertirla en un disco de, aproximadamente, 2 cm de grosor. Córtalo en cuartos y deposítalos sobre la plancha caliente. Cocínalos durante 4-5 minutos o hasta que estén dorados por debajo, dales la vuelta y sigue cocinándolos 6 minutos más por el otro lado. Puedes comprobar el punto de cocción presionándolos en el centro: si la masa vuelve a subir, están hechos. Si no, dales la vuelta otra vez y prolonga la cocción por el otro lado. Envuélvelos en un paño limpio para mantenerlos calientes y sírvelos.

MIGAS DE PAN O «PARMESANO DE POBRE»

Cuando se cocinan bien, con un poco de aceite de oliva y una pizca de sal, incluso las migas de pan pueden ser deliciosas: el pan duro se transforma en un ingrediente crujiente y sabroso con el que coronar platos de pasta o verduras.

pan muy duro

aceite de oliva virgen extra

hierbas frescas o secas troceadas (p. ej., perejil, tomillo, orégano)

Parte el pan en trozos de 3-5 cm. Mételos en un robot de cocina y tritúralos hasta que se conviertan en migas gruesas. Pásalas a un cazo sin aceite muy caliente y riégalas con un poco de aceite. Salpimiéntalas y espolvorea las hierbas por encima. Sofríe el pan a fuego medio durante 3-5 minutos, removiéndolo sin cesar, hasta que las migas se empiecen a tostar. Retira del fuego, deja que se enfríe y guárdalo en una jarra de vidrio hermética.

CHAPATI

Para 4 unidades

Preparar *chapatis* caseros es tan rápido como sencillo y, con ellos, elevarás de nivel cualquier comida casera.

250 g de harina integral (p. ej., farro, espelta, trigo)

125 g de agua

2 cdtas. de aceite

1 cdta. de sal marina

Combina todos los ingredientes en un cuenco y mézclalos hasta que obtengas una masa blanda. Dale forma de bola y sepárala en cuatro bolas más pequeñas. Tápalas con un paño limpio y déjalas reposar en la superficie de trabajo durante 20 minutos.

Estira las bolas y forma con ellas cuatro discos, de aproximadamente unos 10 cm de diámetro. Calienta a fuego medio una sartén de fondo grueso o una plancha y cocina los *chapatis*, uno a uno, durante varios minutos por cada lado, hasta que estén ligeramente quemados. Si tienes fogón de gas, puedes darles el toque final directamente con la llama. Tras unos segundos, el *chapati* se hinchará de aire. Déjalo en un plato, cubierto con un paño limpio, para mantenerlo caliente mientras cueces los demás.

MASA QUEBRADA INTEGRAL

Para 1 tarta de 23 cm o 4 tartaletas de 8 cm

Comprar masa quebrada buena es casi imposible, porque se suele preparar con grasas no saludables, harina ultraprocesada y aditivos artificiales. Prepararla en casa es muy sencillo, e incluso rápido, si tienes un robot de cocina. Haz dos tandas y guarda una en el frigorífico o en el congelador; o también puedes hornear a ciegas y congelar una de las tartaletas para cuando la necesites en el futuro y, así, ahorrarás tiempo más adelante. Puedes usar esta masa integral para sustituir la normal en cualquier receta, como quiches, tartas (pág. 210), *galettes* (pág. 202) o galletas (dcha.).

120 g de frutos secos variados, tostados en una sartén sin aceite, y luego molidos en el robot de cocina hasta que tengan consistencia de harina

80 g de harina integral (p. ej., kamut, espelta, trigo)

80 g de harina de trigo sarraceno o integral

40 g de semillas de lino molidas

60 g de azúcar sin refinar, opcional, si vas a hacer una tarta dulce

60 g de aceite de oliva virgen extra, y un poco más para engrasar

80 ml de agua

Bate todos los ingredientes (incluido el azúcar, si vas a hacer una tarta dulce) hasta que se integren bien. Pasa la masa a un cuenco y amásala suavemente para darle forma de bola. Cubre el cuenco con una tapa y déjalo reposar en el frigorífico durante 30 minutos. Puede aguantar incluso 2 semanas, hasta que vayas a usarla.

Precalienta el horno a 180 °C.

Extiende la masa sobre un molde para tartas de 23 cm de diámetro o en 4 moldes de tartaletas de 8 cm. Usa las yemas de los dedos para presionar con suavidad hasta que obtengas un grosor uniforme de unos 3-5 mm. Recorta el exceso de masa que sobresalga del molde y guárdala para usarla más adelante (por ejemplo, en galletas de recortes, a continuación) y perfora toda la base con un tenedor, para evitar que la masa se hinche en el horno.

Hornéala durante 15 minutos, saca el molde, o moldes, del horno y espera a que la masa se enfríe antes de desmoldarla.

GALLETAS DE RECORTES

Precalienta el horno a 180 °C.

Amasa los recortes de masa que tengas, forma con ellos una bola y luego extiéndela hasta que tenga un grosor de 5 mm. Si vas a hacer galletas saladas, sazona la masa y espolvoréala con semillas enteras y especias. Si vas a hacer galletas dulces, espolvorea la masa con frutos secos molidos, semillas, fruta seca troceada y especias. Pasa suavemente un rodillo por encima, para que las semillas y los cereales se hundan en la masa, y corta las galletas. Trasládalas a una fuente de horno forrada con papel de horno sin blanquear y hornéalas durante 20 minutos o hasta que se doren. Déjalas enfriar sobre una rejilla.

GALLETAS DE CENTENO CON CHOCOLATE Y SAL

Para 20 galletas

Todos necesitamos una buena receta de galletas. Estas son mis preferidas: una versión con base vegetal de las galletas de centeno con chocolate y sal de la panadería Tartine de Chad Robertson, en San Francisco, el hogar de la masa madre moderna. El chocolate negro y el centeno son una combinación extraordinaria. Y, condimentada con sal, es profundamente rica en umami y satisfactoria.

250 g de chocolate negro de buena calidad, troceado grueso

50 g de harina de centeno integral (o de otro tipo)

½ cdta. de levadura en polvo

¼ de cdta. de sal marina

130 g de aquafaba (pág. 214)

¼ de cdta. de cremor tártaro

170 g de jaggery, mascabado u otro azúcar sin refinar

30 g de aceite de oliva virgen extra

sal marina en escamas, para espolvorear

Funde el chocolate al baño maría. Asegúrate de que el recipiente que uses no se caliente demasiado y aléjalo del fuego si es necesario. El chocolate se funde a la temperatura del cuerpo y si se calienta en exceso, se corta. Una vez fundido, deja que se enfríe un poco.

Mezcla la harina, la levadura y la cucharadita de sal en un cuenco y reserva la combinación. Bate la aquafaba y el cremor tártaro en otro cuenco con una batidora eléctrica durante 6 minutos, hasta que se monte, y, entonces, sin dejar de batir, añade el azúcar poco a poco. Incorpora el chocolate fundido y el aceite de oliva y luego la mezcla de harina, hasta que todo quede bien integrado. Mete el cuenco en el frigorífico durante 30 minutos, para que la masa cuaje.

Precalienta el horno a 180 °C.

Cubre dos bandejas de horno grandes con papel de horno sin blanquear. Pon cucharadas de la mezcla sobre las bandejas forradas, con una separación de 5 cm entre ellas. Espolvoréalas con la sal en escamas y hornéalas durante 8 minutos o hasta que se hinchen. Deja que se enfríen unos 5 minutos en las bandejas y, entonces, pásalas a una rejilla.

PASTA DE ESPELTA INTEGRAL

Para 2 personas

Esta pasta se puede hacer íntegramente con harina de espelta o con sémola, pero combinarlas te proporciona lo mejor de ambos mundos y produce una pasta blanda pero firme al morder, con una profundidad añadida de sabor y de nutrición.

70 g de harina de espelta

70 g de sémola

1 cda. de aceite de oliva virgen extra

55 ml de agua templada

Pon las harinas y el aceite en un robot de cocina. Prográmalo a media potencia y añade poco a poco el agua templada. Bate la mezcla durante 30 segundos o hasta que forme una bola.

Pasa la masa a la superficie de trabajo y amásala durante 5 minutos, hasta que la notes firme y húmeda, pero no pegajosa. Métela en un recipiente hermético y déjala reposar en el frigorífico durante 30 minutos.

Estira la masa hasta que tenga un grosor de unos 2-3 mm usando una máquina para hacer pasta y siguiendo las instrucciones del fabricante sobre cómo plegarla y volverla a amasar. Si no tienes una máquina para hacer pasta, no te preocupes. Puedes hacer muchas formas con las manos o incluso un rodillo (dcha.).

Para hacer *orecchiette* (orejitas)

Estira la masa, dale forma de churros de aproximadamente 1 cm de grosor y córtalos en trozos de 1 cm de largo. Haz rodar el pulgar sobre cada trozo, presionando sobre la masa para aplastarla y darle forma de «oreja». Dales la vuelta y disponlas sobre una bandeja de horno ligeramente espolvoreada con harina hasta que vayas a cocinarlas. Hiérvelas en abundante agua con sal durante 2-3 minutos o hasta que empiecen a flotar. Sácalas con una rasera.

Pici, o espaguetis hechos a mano

Estira la masa sobre una superficie enharinada y dale forma de rectángulo de unos 3 mm de grosor. Píntalo con aceite de oliva y córtalo en tiras de 5 mm. Con la palma de la mano, enrolla las tiras para darles forma de «lombriz» larga. Espolvoréalas un poco con harina de espelta o sémola y disponlas sobre una bandeja de horno ligeramente enharinada hasta que vayas a cocinarlas. Hierve los *pici* en abundante agua con sal durante 2-3 minutos o hasta que empiecen a flotar, y cuélalos.

HOGAR

PREPARA TUS PROPIOS PRODUCTOS DE LIMPIEZA PARA LA COCINA Y EL BAÑO

El espray antibacteriano, el detergente, la lejía y otros productos de limpieza domésticos acostumbran a contener sustancias químicas tóxicas que son perjudiciales tanto para nosotros como para el medioambiente. Las botellas de derivados del petróleo donde vienen envasados casi nunca se reciclan ni son reciclables y, además, comprar los productos cuesta mucho dinero.

Bastan tres ingredientes sencillos para llevar a cabo la limpieza diaria: vinagre, bicarbonato y jabón de Castilla (y algo de sudor, claro está) para dejar tu casa tan limpia e impoluta como con cualquier tipo de producto de limpieza tóxico. Invierte en una esponja vegetal (*luffa*) y en un estropajo reciclable y habrás dado un gran paso hacia la reducción de desechos innecesarios.

PASTILLAS DE JABÓN DE CASTILLA

Las pastillas de jabón de Castilla son una buena opción medioambiental y suelen estar hechas con ingredientes sencillos (es decir, con menos sustancias químicas y aromas sintéticos). Muchas veces se venden sin envoltorio o, al menos, en paquetes de cartón reciclable.

JABÓN DE CASTILLA LÍQUIDO
(detergente para lavar ropa a mano y a máquina, lavavajillas, gel de ducha, friegasuelos...)

El jabón líquido casero transforma una asequible pastilla de jabón de Castilla en un producto versátil y muy rentable que puedes usar para cualquier cosa, desde fregar los platos o ducharte hasta lavar la ropa.

Método: ralla una barra de 125 g de jabón de Castilla sobre un cazo. Añade 1 litro de agua hirviendo y remuévelo, para que el jabón se funda. Deja que se enfríe y remuévelo cada 30 minutos aproximadamente. Al día siguiente comprueba la consistencia: si el jabón es demasiado líquido, vuelve a calentarlo y añade más jabón rallado; si es demasiado espeso, vuelve a calentarlo e incorpora más agua hirviendo.

Para terminar, agrega 10 gotas de cada uno de estos aceite esenciales: árbol del té, que actúa como germicida; limón, que desinfecta y desengrasa; canela, que es antibacteriana; y romero, que impide la formación de moho y hongos.

ESPRAY ANTIBACTERIANO

El vinagre desinfecta y desodoriza. Contiene ácido acético (que tiene un pH muy bajo, de entre 2-6) y se sabe que es un bactericida efectivo que mata tanto a las bacterias como al moho. Un estudio de laboratorio de Wanda Olson *et al.* concluyó que el vinagre es eficaz en la reducción del recuento microbiano en superficies sucias frotadas con él para limpiarlas.

Método: para usar vinagre como espray multiusos, llena una botella de espray (pulverizador) usada y limpia con mitad de agua y mitad de vinagre. Añade unas gotas de algún aceite esencial, como canela, limón, romero o árbol del té, cada uno con sus propiedades de limpieza específicas.

Nota: no uses vinagre para limpiar muebles encerados, mostradores de mármol, suelos de mármol o superficies grasas. En estos casos, usa jabón o mi limpiador natural multiusos (abajo) y jamás lo mezcles con lejía.

LIMPIADOR NATURAL MULTIUSOS

Prepara en casa este limpiador eficaz sobre todo tipo de superficies en lugar de usar productos comerciales. Vierte 50 ml de jabón de Castilla líquido en una botella de plástico blanda y con boquilla, añade 125 ml de agua y, opcionalmente, unas gotas de algún aceite esencial como limón, romero o árbol del té.

DENTÍFRICO

Preparar tu propio dentífrico es muy sencillo y evita los envases y otros elementos no deseables que suelen acompañar a los de las marcas comerciales. Para esta receta, he usado como base el aceite de coco, porque tiene propiedades antibacterianas y antifúngicas que benefician a los dientes.

Método: mezcla 2 cucharadas de aceite de coco crudo y 1 cucharadita de levadura en polvo, que es alcalina y ayudará a neutralizar los ácidos bucales. Experimenta añadiendo 2 cucharaditas de lo siguiente:

- Carbonato cálcico o sal, un abrasivo suave que ayuda a eliminar el sarro.

- Semillas de hinojo molidas (para refrescar el aliento), canela (por sus propiedades antibacterianas y antifúngicas), jengibre molido (es antiinflamatorio) y clavos molidos (son un anestésico genial).

- Cacao, para promover la remineralización y como agente abrasivo suave.

Guarda el dentífrico en el frigorífico. No lo escupas en la pica, añádelo al compost, para evitar obturar las cañerías.

Nota: si tienes problemas de salud o de higiene específicos, usa desinfectantes registrados para limpieza.

ÍNDICE ANALÍTICO

RECURSOS

PROVEEDORES, CERTIFICADOS Y ASOCIACIONES SIN ÁNIMO DE LUCRO

Acuérdate de comprar por placer, por las personas y por el planeta y frecuenta las tiendas de alimentación saludable y los mercados locales. Si compras por internet, solicita que te la envíen con el mínimo embalaje posible, y que sea compostable.

Asociación Española Agricultura de Conservación Suelos Vivos

Entidad sin ánimo de lucro que promueve las prácticas agrícolas que conducen a una mejor conservación del suelo y de su biodiversidad.
www.agriculturadeconservacion.org

Coordinadora Estatal de Comercio Justo

plataforma española que agrupa a 25 organizaciones vinculadas al Comercio Justo. Su trabajo se centra en potenciar este sistema comercial alternativo y solidario, dando servicio a las entidades miembro.
www.comerciojusto.org

Demeter

Organismo de certificación de agricultura biodinámica y orgánica. La agricultura biodinámica es un enfoque holístico de la agricultura. Los productores devuelven más a la tierra de lo que extraen de ella durante el proceso de cultivo de cosechas y de ganadería de animales; la granja se considera un organismo vivo en el que las plantas, los animales y los seres humanos están integrados.
www.demeter.es

Sociedad Española de Agricultura Ecológica

Entidad privada sin ánimo de lucro, que une los esfuerzos de agricultores, técnicos, científicos, y muchas más personas, para impulsar la mejora y difusión del conocimiento sobre la producción de alimentos de calidad con base agroecológica y el desarrollo rural sostenible.
www.agroecologia.net

MÁS LECTURAS

An Everlasting Meal, Tamar Adler, Scribner, Nueva York, 2012.

Drawdown, Paul Hawken

Food in the Anthropocene: the EAT–*Lancet* Commission on healthy diets from sustainable food systems, Walter Willett *et al*

Slow Food Nation, Carlo Petrini (traducción: *Bueno, limpio y justo: principios de una nueva gastronomía*, Polifemo, Madrid, 2007)

Sustainable Diets, Pamela Mason and Tim Lang

The Art of Fermentation: An In-Depth Exploration of Essential Concepts and Processes from Around the World, Sandor Katz (traducción: *El arte de la fermentación*, Gaia, Madrid, 2016)

The Diet Myth, Tim Spector (traducción: *El mito de las dietas*, Antoni Bosch, Barcelona, 2017)

The Natural Cook: Eating the Seasons from Root to Fruit, Tom Hunt

The Noma Guide to Fermentation, David Zilber and René Redzepi (traducción: *La guía de fermentación de Noma*, Neo-Person, Móstoles, 2019)

The Omnivore's Dilemma, Michael Pollan (traducción: *El dilema del omnívoro*, Debate, Madrid, 2020)

The Third Plate, Dan Barber, Penguin Press, Nueva York, 2014.

The Way We Eat Now: How the Food Revolution Has Transformed Our Lives, Our Bodies, and Our World, Bee Wilson, Fourth Estate, Londres, 2019.

AGRADECIMIENTOS

Aunque el nombre que aparece en la cubierta es el mío, este libro ha sido un proyecto colosal en el que han participado docenas de expertos. Hace cuatro años, cuando empecé a esbozar la propuesta, mi agente, Jonathan Conway, me ayudó a desarrollarla; gracias. Mi mujer (es una artista increíble, mira su obra en www.tamsinrelly.com) y el resto de mi familia (sobre todo mi hermano Rowan, y Caitlin, Frances y Thomas Vergunst) lo llevaron más allá y me ayudaron a transformar mi idea en el plan de un libro completo.

Tim Lang, gracias por ayudarme a redactar y a referenciar mi manifiesto con tu libro, *Sustainable Diets*. Ha hecho del mío la obra holística y completa que es.

Hugh Fearnley-Whittingstall, me enseñaste a cocinar de forma sostenible antes de que se pusiera de moda. Siempre te estaré agradecido por ello. Gracias.

Joanna Copestick, gracias por haber visto potencial en mí y por compartir mi visión de un sistema de alimentación más justo.

Mina Holland, eres una de las mejores editoras con las que he tenido el privilegio de trabajar; gracias por ayudarme a dar forma a mi historia.

Pamela Mason, PhD (nutrición) y MSc (política alimentaria). Gracias por tu investigación, por tu generosidad y tus conocimientos, cuya ciencia sustenta este manifiesto.

Jenny Zarins, tus fotografías hacen de este libro lo que es. Hay pocas personas en el mundo con tu talento. ¡Trabajar contigo es un gozo!

Nena Foster, si tuviera que guiarme por tu competencia en la cocina, pondría mi vida en tus manos. Y gracias también a mi ayudante, George Blower, siempre una leyenda.

Evi O, has hecho que este libro sea bellísimo y una fuente de alegría. ¡Eres una inspiración! Gracias. Espero verte en Sídney algún día.

Sobre todo, muchas gracias a los agricultores que nos abrieron la puerta de sus casas y nos enseñaron que ya existe un sistema de alimentación sostenible.

Ashley Wheeler, Kate Norman y Ellen Rignell, de Trill Farm Garden.

Ellen y Adam Simon y Rosie Gilchrest, de Tamarisk Farm.

Tsouni Cooper, Roo Litherland, Clare Joy y todo el equipo de Organiclea.

También estoy muy agradecido a los catadores de mis recetas: Felicity Spector, Katie Owen, Candy Schartz, Mariele Neudecker, Zanny Mellor, Ariane Koek, Claire Coveney, Joumana Medlej, Anna Holmfeld, la familia Copplestone-Watkins y Majella Byrne.

Gracias a mis socios, Ben Pryor y Jen Best, a nuestro increíble chef Ian Clark, y a Barry y al equipo de Poco Tapas Bar. Juliet Sear, gracias por las flores comestibles; Kana London, gracias por los platos rescatados. A The Cornish Seaweed Company por las algas (pág. 97). A Hodmedod's por vuestras maravillosas legumbres. A Tristram Stuart, por cambiar el mundo al abrirle los ojos al problema del derroche de alimentos. A Dan Barber, por tu apoyo y tu inspiración constantes. Y a India Hamilton, por tus increíbles conocimientos sobre sostenibilidad alimentaria, y a todos los demás a los que no he mencionado.

Para terminar, muchas gracias a ti, por haber leído mi libro hasta el final, nada más y nada menos. Es un privilegio y un honor para mí. Me encantará saber de ti, ver las fotografías de tus platos y que me cuentes tus ideas.

Puedes compartirlo con los *hashtags* #RoottoFruit y #ClimateCuisine y etiquetarme con @cheftomhunt.

La edición original de esta obra ha sido publicada en el Reino Unido en 2020 por Kyle Books, sello editorial de Hachette UK, con el título

Eating for Pleasure, People & Planet

Traducción del inglés: Montserrat Asensio Fernández

Diagonal, 402 – 08037 Barcelona
www.cincotintas.com

Primera edición: *octubre de 2020*

Impreso en China
Depósito legal: B 9867-2020
Códigos Thema: RNU | WBH (Sostenibilidad | Cocina sana y con alimentos integrales)

ISBN 978-84-16407-90-3